AHLEI

AMERICAN HOTEL & LODGING
EDUCATIONAL INSTITUTE

美国饭店业协会教育学院系列教材

○ 酒店资产管理原理与实务
Hotel Management Principles and Practice, Second Edition

○ 当代俱乐部管理
Contemporary Club Management, Second Edition

○ 当今饭店业，中文第二版
Hospitality Today: An Introduction, Sixth Edition

○ 饭店业人力资源管理，中文第二版
Managing Hospitality Human Resources, Fourth Edition

○ 饭店业督导，中文第二版
Supervision in the Hospitality Industry, Fourth Edition

○ 餐饮经营管理，中文第二版
Management of Food and Beverage Operations, Fifth Edition

● 收益管理：饭店运营收入最大化
Revenue Management: Maximizing Revenue in Hospitality Operations

○ 饭店设施的管理与设计，中文第二版
Hospitality Facilities Management and Design, Third Edition

○ 饭店业管理会计，中文第二版
Accounting for Hospitality Managers, Fifth Edition

○ 饭店客房经营管理
Managing Housekeeping Operations, Third Edition

○ 前厅部的运营与管理，中文第二版
Managing Front Office Operation, Ninth Edition

○ 会展管理与服务（中文第二版）
Convention Management and Service, Eighth Edition

○ 国际饭店的开发与管理
International Hotels: Development and Management, Second Edition

○ 饭店业市场营销
Marketing in the Hospitality Industry, Fifth Edition

收益管理：
饭店运营收入最大化

*

Revenue Management: Maximizing Revenue in Hospitality Operations

Gabor Forgaces 著　　王立 伍波 王晓宽 译

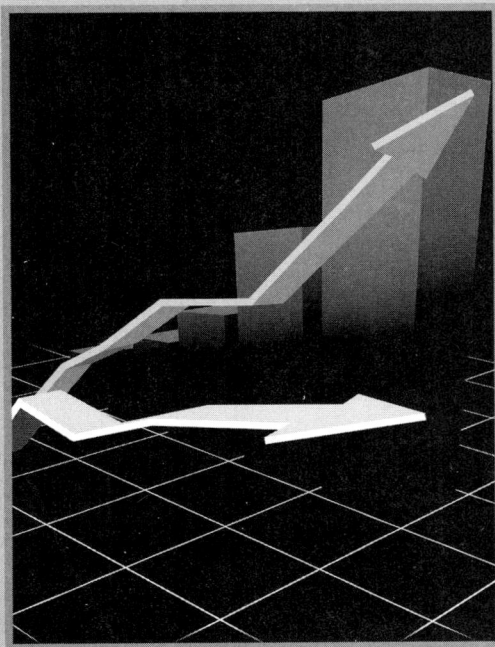

中国旅游出版社

作者简介

本文作者嘉宝·福佳斯博士拥有在两个大洲 20 年的饭店行业经验，包括加拿大安大略的一家四季饭店的管理职位和匈牙利布达佩斯的一家全方位服务饭店的总裁和总经理。福佳斯博士现为加拿大安大略圭尔夫大学旅游饭店管理学校研究生部教师，执教 MBA 项目的高级收益管理课程。

福佳斯博士在布达佩斯经济大学获得了经济学本科学位和博士学位，他还是匈牙利布达佩斯商务和饭店管理专业的研究生。福佳斯博士是由出版商 Henry Stewart Publications 提供赞助的在线系列讨论"饭店品牌与产品专业化"的编辑（2009），他还受美国饭店业协会教育学院邀请以内容专家的身份参加了收益管理培训与教学材料开发。

福佳斯博士在以下印刷媒体中发表过文章，《当地饭店管理国际期刊》（*International Journal of Contemporary Hospitality Management*），加拿大《饭店人杂志》（*The Hotelier Magazine*），美国《房务管理纪事》（*The Rooms Chronicle*），加拿大《住宿管理者》（*The Accommodator*），加拿大《住宿新闻》（*the Canadian Lodging News*）以及其他印刷杂志。

译者简介

王立，中瑞酒店管理学院副教授，主讲市场营销、收益管理、饭店财务管理、商务沟通等课程。王立教授曾就读美国芝加哥罗斯福大学 MBA，曾经在香港日航酒店、美国芝加哥柏悦酒店等进行管理实习，多次参加洛桑酒店管理学院的管理研修课程。

伍波，中瑞酒店管理学院资深讲师，英语系学术委员，多年从事口笔译实践和教学，多次参与《中国出境旅游年度报告》的翻译工作，并在外语类核心刊物《外语教学》上发表相关教学论文。曾被派往瑞士洛桑酒店管理学院学习酒店管理相关知识和技能。

王晓宽，中瑞酒店管理学院讲师，资深饭店前厅部管理人员。曾经任职于凯莱、万豪、洲际和费尔蒙酒店集团。主讲住宿管理、Opera 系统、收益管理等课程。

再版前言

由美国饭店业协会教育学院编写的饭店从业人员职业教育培训系列丛书于 2001 年第一次被引进中国，距今已经过去 13 年之久。回首这套丛书初次被引进中国的时节，正是中国饭店业走向一个新阶段的起点。彼时，国际竞争国内化、国内竞争国际化是国内饭店业对行业发展趋势的共识，而面对这种趋势的国内饭店管理教育在培养职业人才的系统性方面仍然存在着明显的短板，其中教材方面的缺失尤其严重。鉴于此，中国旅游出版社在考虑中国饭店业的现实情况，经过细致的比较之后，认可了美国饭店业协会教育学院的职业教育教材体系和职业培训体系，引进了这套在国际上颇有影响力的饭店管理教材。可以说，这套教材的引进，相当及时地补充了国内饭店管理教育在国际化经营方面的不足。

今天，中国饭店业的经营环境及运营管理等已然发生了巨大的变化，曾经认为的趋势已成为现实，但是又出现了一些无法预想的变化。在 21 世纪之初，饭店行业已经预见到了国内国外饭店企业集团的同场竞技，如今则早已习惯了共同存在和竞争。曾经，中国饭店行业看到了自身未来的繁荣，而如今，中国饭店业经过十几个春秋的洗礼，已经形成了国内市场、国际市场和出境市场三分天下的格局，业态进一步细分完善。与此同时，饭店企业经营的科学性和创新性不断提升，在吸收国际饭店管理经验的基础上，进一步开展本土化创新实践，本土集团成长非常迅速，其中许多已经进入世界饭店集团 10 强。中国本土饭店集团的发展将改变世界饭店企业的格局，同时也将带来国际饭店企业运营与管理的话语基础。

任何对未来的预测都不会是全面的。在 21 世纪之初，中国饭店业已经看到了很多，但是没有看到和无法看到的更多。在十数年中，大众旅游蓬勃发展，经济型连锁酒店趁势而起，把控了大众市场的半壁江山，中端酒店蓄力而发，在中产阶级成长的东风下开始风生水起，而高端酒店却遭遇了意外的困境。中国饭店行业一直梦想着走向世界，而如今我们看到了一个接一个的海外并购，其势不敢称大，但是根苗已生，令人产生星星之火可燎原的期待。在饭店业之外，先是互联网技术运用的风靡，其后又是移动互联网的夺人眼球，这些技术风潮席卷各行各业，而作为和流行"亲密接触"的饭店业自然不可能置身于外，于是，互联网思维和智慧酒店大行其道，这是饭店业对技术风潮的回应。

比起 13 年前，现今的中国饭店业可以说是令人眼花缭乱。一群非传统饭店行业人士进入，以他们的外部眼光突破着饭店行业经营的传统思维和惯例，而传统的饭店行业人士也在借鉴着他山之石，思考现代科技在饭店业运用的可能，进行着自我突破。在信息爆炸的今天，我们每天接触海量的大数据，但是如何分辨信息的价值，为创新提供有效的指导，这已经成为必修课。当我们意识到这一点的时候，仔细审视，会发现自身知识结构的完整才是支撑这一切的基础。实际上，比起 13 年前，如今的饭店业管理更加需要完整的知识结构和良好的思辨能力，因为环境不确定性进一步加强，外部干扰更多了，内部系统更为复杂，如果无所凭借，无所支撑，必然难以驾驭更加复杂的环境。

著名科学家钱学森曾反复地问："为什么我们的学校总是培养不

出杰出人才？"而饭店业行业的教育者和从业者也在问："怎样培养一流的饭店管理人才？"曾经如此疑问，如今更加急切。不积跬步，无以至千里。系统而深入、兼具理论和实践的饭店管理教育仍然是饭店业人才培养的基础。秉承这样的理念，回顾过往，我们发现了这套书籍的闪光。

一部书籍是否能被称为经典，而不是昙花一现的时髦，是要靠时间来检验的。只有当书中的观点和逻辑，在时间的浪潮中被反复地印证、扩展和应用的时候，被相关的从业人员和研究人员在实践中认可的时候，这才有了被奉为经典的资格。这套出自"名门"的饭店业管理教材背后是整个美国饭店业的职业教育体系的支撑。美国饭店业的管理水平毋庸置疑代表目前国际的标杆，我国诸多饭店企业在发展过程中亦是多有借鉴。本套书将理论和实践进行了较好的结合，既有理论的深入，又有实践上的指导，能够使读者通过编写者的切身体会看到真实的饭店工作，帮助读者提升饭店行业的思考和实践能力，同时其系统性和全面性也是诸多其他教材无法比肩的，涵盖了国际饭店的开发与管理、饭店业督导、饭店业管理会计、饭店客房经营管理、饭店前厅部的运营与管理、饭店业人力资源管理、餐饮经营管理、饭店设施的管理与设计、会展管理与服务、收益管理、饭店业市场营销，以及当今饭店企业多个经营的环节。读者借助这套教材既能建立对饭店的全面认识，又能各取所需，有针对性地进行深入的学习。本书的译者均为本行业研究和实践的专家，确保了翻译的准确性和专业性。

本套丛书在出版之后就广受赞誉，但是编者仍然以一颗谦谨之心，根据饭店业管理的新变化对书籍不断地进行修改和补充，加入很

再版前言

多新材料、新理念和新的实践方法，为的是尽力缩小教材的滞后性，为饭店业的从业人员和学习者提供一个了解饭店业，建立起自身完整知识结构的最佳途径。

最后，本套丛书的出版和再版多有赖于中国旅游出版社的远见和坚持，同时也是中外饭店教育及出版机构通力合作的结果，对他们付出的努力表示诚挚的感谢。

谷慧敏

2014 年 8 月

前　言

　　在此时将一本全面介绍收益管理的书籍完整引入教育机构和饭店业可以说恰逢其时。与20世纪八九十年代相对基础的战术策略相比，收益管理作为一门重要学科，其专业领域的发展已今非昔比。从需求预测到产品分销的不同领域，从主要的战术性措施到高度战略性的决策转移，收益管理已经演变成为实现饭店利润优化中独特而重要的部分。

　　因为一系列集中出现的因素，收益管理加速了走向独立和专业的趋势。在过去10年，饭店业经历了两次"完美风暴"。

　　第一次"完美风暴"正值互联网蓬勃发展之际，行业重大的经济压力出现了，而"9·11"事件恰在此时发生。科技泡沫破灭后，经济滑坡继而发生了。尽管科技仅代表了经济衰退的一个因素，但是上市的饭店公司在满足利益预期方面感受到来自华尔街越来越大的压力。饭店日常业务的经营者发现自己已经不是在从事饭店业的日常事务性工作，而是在进行多变的商务活动。

　　接着，"9·11"这一给行业带来毁灭性影响的悲剧事件发生了，其结果开启了"人人为己"的时代。饭店业以极大的规模进入互联网时代，其经营方式因此而改变。一夜之间，被行业长久保密的定价机制在消费者眼中透明起来，并成为了公众知识。价格战和疯狂的折扣催生了饭店房间的商品化。业界极端缺乏战略定价，一项战略管理关键因素的知识，这一点很快演变为显而易见的弊病。人们每天高喊着不惜一切代价实现统一售价，这是对定价整性问题做出的一个可悲而目光短浅的回答。

这些冲突性事件迫使行业必须更好地践行收益管理。仅仅把战术收益管理决策视为诸如预订部的一个附加功能已经远远不够了。必须设立"收益经理"或"收益管理总监"的独立职位。收益管理学科的设立以及收益管理资格证书的颁发标志着本专业领域的迅速发展。

然而，随着该学科的发展，业界面临第二次或许是更为强大的"完美风暴"。最近的短短几年，科学技术、人口特征，以及全球经济因素令人难以置信的作用，创造了被维基经济学作家唐·泰斯科特形象地比喻为"六级飓风"的传统商务模式升级。这个"完美风暴"指的就是 Web 2.0 的影响，有人将其称为"大规模协作武器"。

在这场"完美风暴"中，Travel 2.0①应运而生。在该媒介平台上，由消费者掌控的动态内容取代了供应商控制的静态内容。例如，现在消费者生成媒体（customer-generated media，CGM）甚至成为了比传统市场份额报告更为重要的竞争标杆。最近的研究显示，高达 80% 的旅行预订被在网上完成，或者受到在线内容的影响——即使实际预订并非通过电子媒体完成。

Travel 2.0 的趋势加上技术进步（例如，在过去的几年里，数十亿移动电子设备被售出），以及人口特征的变化（最近研究资料显示，在 12～17 岁的青少年中超过 50% 的人成为网络内容创作者）的发展趋势保持同步，现在你可能知道我们不得不从头学习业务的原因了。

现在我们正在见证一个前所未有，并与其他领域知识相互依赖的学科。需求创造（市场营销）、需求捕获（销售）、需求管理（收益管理）相互融合，使得收益总监成为新商务模式中极为关键的职位，饭店必须以前所未有的复杂方式来实践全面收益管理（收入流全面优化）。现在收益管理方面的专家不再是"最好能有"而是"必须要有"的重要人才。

那么这一切跟这本关于收益管理学科的书籍有什么关系呢？收益管理中没有哪一个因素可以独立于这些事件的影响而存在。无论是竞争标杆战略定价还是需求预测或分销管理，对收益管理更好的教育和更精致的实践需求对行业生存而言非常重要。嘉宝·福佳斯先生，一位领先的教育家，投入相当的时间和精力为这一学科做了综合性的描述。尽管消费者的购买行为仍在不断地发生着变化，认识到收益管理确实是一门需要接受专业教育的独特学科是该学科得以继续发展的重要一步。

邦妮·E.巴格希斯特②

国际饭店顾问协会

尾注：

①译者注：Web 2.0 在旅游业的应用。

②邦妮·E.巴格希斯特是北美主要收益管理咨询公司，巴格希斯特管理公司的总裁和首席执行官，也是国际饭店顾问协会董事会成员。

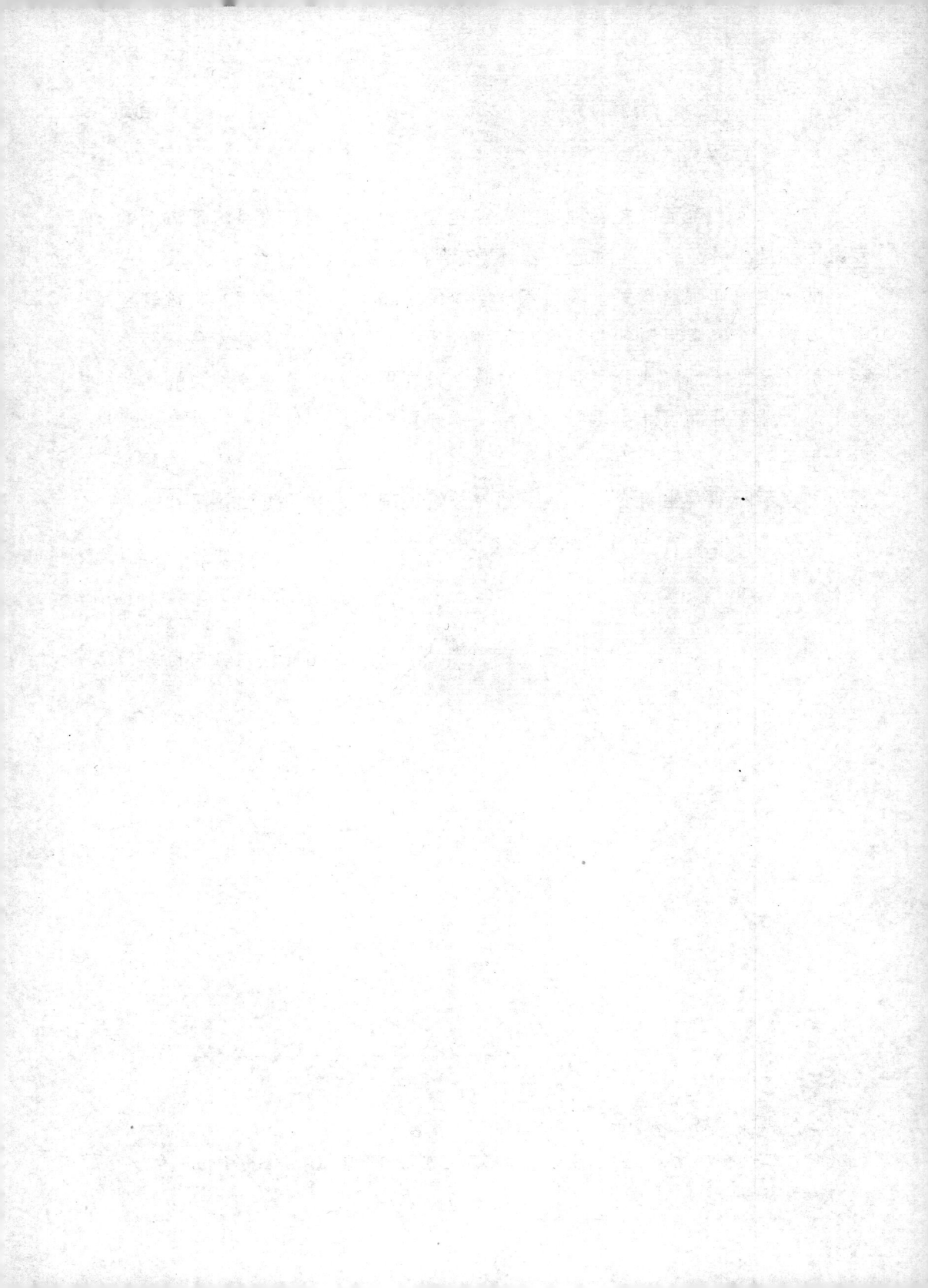

AHLA

序

作为一家小型全服务饭店的总经理，我曾梦想能雇用有工作能力和工作意愿的维修人员，例如，电工不仅能更换客房圆筒锁，如果到了紧要关头，面对疏通堵塞的客房卫生间的工作也不会退缩。作为对所有饭店事务最终负责的经理，我必须自己应付诸多职责，包括：就重新铺设停车场事宜跟沥青公司谈判，跟忠诚客人交涉客房升级政策，应对电话投诉饭店菜品种类和游泳池水温的旅行社经理。当我就本饭店烟雾报警器的电池更换政策和流程向当地消防局写报告时，所有这些情况都在发生。这就是饭店普通的一天的一个普通的上午。拥有很多头衔、管理很多的部门，我从未感到过工作的枯燥。正如生活本身一样，饭店业务也具有跨领域的特点，因此饭店业新出现的这门被称为"收益管理"的学科在本质上也具有这样的特点。收益管理为具有高度竞争性的饭店行业带来了战略思维新的维度，并为饭店可持续发展添砖加瓦。

实施良好的收益管理战略战术影响着饭店几乎所有的业务。收益管理牵涉到运营管理的方方面面，如房价、需求预测、客户关系管理等。在制定收益管理战略时，管理者需要将市场营销、会计、运营管理、财务纳入考量范畴。参与饭店各部门管理的饭店运营者将不会对浏览本书感到失望。

为大型饭店服务或其负责范围为饭店某部门的经理或雇员也可以通过阅读本书开阔视野。饭店管理专业的学生只要掌握了入门级别的市场营销、会计、前台管理等课程，就可以通过本书的阅读继续构建其原有的知识体系。所有饭店未来的管理者和产业主将发现本书有助于实现更大的利润。

嘉宁·福佳斯

多伦多·安大略省

加拿大

致 谢

　　我愿借此机会，对在本书写作过程中所有提供过帮助和支持的人表示感谢。在怀尔逊大学任教期间，我有幸享受了公休假。对于雇主给予的这次休假机会我感到非常幸运。我一直坚持向我所有的学生学习，包括向怀尔逊大学的罗杰斯商学院的本科学生和我在圭尔夫大学攻读工商管理学硕士的学生学习，我的学习收获颇丰。

　　写作这项工作需要别人给予建设性的批评和指导以获得洞察力和灵感，本人获得了许多人宝贵的帮助，这些人因人数众多，本文篇幅所限，不能一一列举。然而，如果没有我接下来要致谢的这些关键人物的重要贡献，这本书就不可能完成。首先，我要特别感谢巴格希斯特管理公司的邦妮·E.巴格希斯特对我工作持续的支持，感谢 TravelCLICK 公司的斯科特·法雷尔对本书提供宝贵的反馈和帮助。我还要感谢我的同事伯尼·麦克霍伊教授给我的鼓励和信息输入。我希望这本收益管理的书能起到抛砖引玉的作用，让后来者写出更多这方面的书，从而为这一令人激动的新学科搭建坚实的理论基础，毕竟这门学科有着改善整个饭店业的巨大潜力。

嘉宝·福佳斯

多伦多·安大略省

加拿大

目　录

第 1 章

概　要

收益管理简史

能够有效运用收益管理的条件

产能固定

产品的易逝性

变动的但可预测的需求

高比例固定成本和低比例变动成本

学习目标

1. 了解收益管理的定义以及收益管理的基本流程。

2. 了解收益管理的简要历史以及为什么收益管理开始变得重要。

3. 能够识别和描述最适用收益管理的那些业务特点。

1

什么是收益管理

　　收益管理，有时也被叫作收入管理，在过去的 15 ～ 20 年中已经成为了主流的商业理论和实践中的一部分。无论我们称它是一门新兴学科还是一门新的管理科学，实际上它已经成为了这两门学科的结合体。收益管理是指在特定行业中改善赢利能力的一系列促成收益最大化的战略和战术的组合。正因为它包含了管理控制中的很多方面，如房价管理、收入流管理、分销渠道管理等，所以它是一个复杂的统一。收益管理是一个融合了市场、运作和财务管理等元素的跨学科的理论。收益经理往往需要和一个或者多个其他的部门一起协同工作来进行收益管理战略的设计与应用。

　　很多经理往往从很狭义的角度来认识收益管理，他们认为收益管理就是一个提高或者降低价格的游戏。其实收益管理远不是数字的游戏和调整价格这么简单。它通常围绕着定义产品、设立有竞争力的评价标准、战略高度的价格制定、预测市场需求、操控不同的市场客源以及分销渠道管理等工作来展开（图 1-1）。整个过程是一个不同工作任务之间动态的不间断的循环，同时要求循环中的所有要素进行科学的匹配和无缝对接以保证它发挥完全的作用。在饭店经营中，收益经理常常要去关注饭店共出售了多少间房间（出租率），以什么样的价格（折扣），其他产品有没有销售（组合销售），卖给了谁（细分市场）和通过什么渠道（分销渠道管理），收益经理通过关注和管理这些要素以使饭店在不停变化的供需情境下实现优化饭店收入的目标。

　　在我们开始探讨饭店业收益管理的应用之前，我们先来回顾一下收益管理的历史。

收益管理简史

收益管理是从 20 世纪 80 年代中期航空业创立的收入管理发展而来的一门学科。随着 1978 年美国航空业放开管制，航空业市场发生了激烈的变革。低价的航空公司出现了并开始迅速掠夺市场份额。而传统的航空公司开始经历寒冬，他们开始谋划如何能够与这些租赁飞机"打价格战"的航空公司展开竞争并取得成功。20 世纪 80 年代中期，这种威胁开始恶化。具有传奇色彩的美国航空公司主席兼首席执行官罗伯特·L.克兰德尔发现了一种新的方法用于解决这个问题：他开始使用收入管理理论，通过给每个航班上制定不

图 1-1 收益管理业务循环

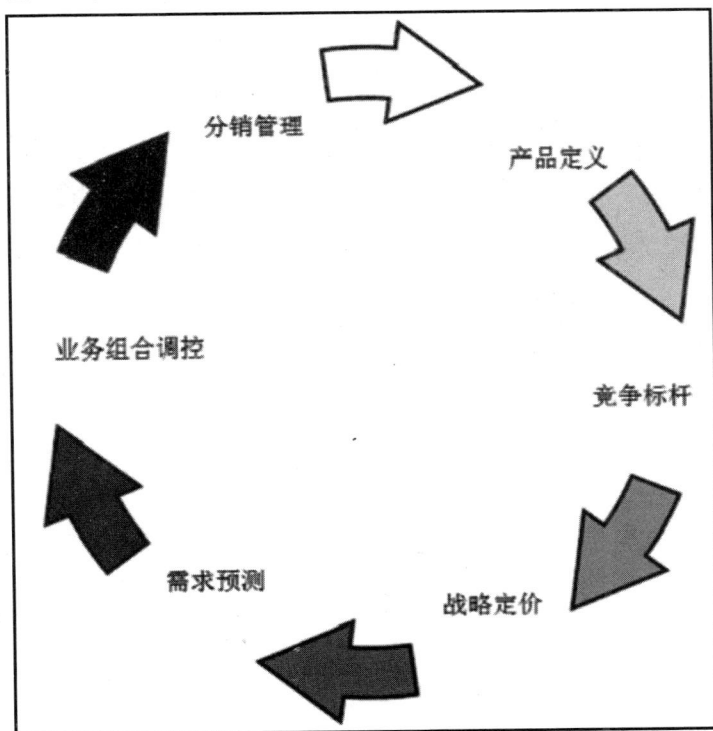

分销管理

产品定义

业务组合调控

竞争标杆

需求预测

战略定价

同的价格等级来操控座位的供应量。基于可靠的数据来分配折扣比例，同时使用计算机（那个时代的大型机）来处理大量的数据以应对不停变化的市场需求和其他航空公司颇具竞争力的报价。预测开始变得关键。随着收入管理的成功应用，多级价格体系（结合预测精度和市场细分）成为了战略层次谋划的关注点。

一些行业意识到它们的商业模式同航空业有着许多相似之处，如产品的易逝性、需求的季节性变化、成本结构等。饭店、邮轮公司、租车公司、广播公司和娱乐业首先开始使用收益管理。它们开始在淡季运用不同战术来提升出租率，同时在旺季涨价用以提升收入。收益表现的变化和增长的利润带来了财务上的回报。

中央预订系统、特许经营以及委托管理等管理和运作方法佐证了传统的大型连锁饭店集团在饭店业的发展中一直处于领先地位。非吸烟楼层、用于房间内娱乐的交互电视以及互联网接入也是这些饭店集团所开创的业界先河。大型品牌饭店同样在运用收益管理上成为了先锋。一些公司开始开发自己的系统，另外一些公司则购买了软件供应商的相关系统，也有很多公司满足于使用由饭店前台和预订部员工制作的基于电子表格的类似工具。

员工在日常工作中使用简单的电子表格就足以控制大多数收益管理中战术层面的操作。

拓展阅读

收入管理（Yield Management）还是收益管理（Revenue Management）

在饭店行业中收入管理和收益管理并无区别。至今"收入管理"还经常被使用是因为早年间大家广泛接受了这个来自航空业的术语。

（续）

　　起初，欧洲的（多数是英国的）收益管理文献经常使用"收入管理"这个术语，而北美的文献则偏向于使用"收益管理"。时至今日这两个术语所包含的意思已经没有本质上的区别了，而饭店行业中也更加倾向于使用"收益管理"作为行业术语。

　　收益管理是一套能够使饭店增加赢利的规则。只有认真根据市场供需分析的动态变化和饭店产品的属性来选择要施行的战略和战术才能获得量化的收益。最成功的那些饭店知道它们的核心竞争力是什么，它们的客人是谁，怎样才能对目标市场进行营销，以及怎样才能满足和超越他们的期望。他们同样会控制开支，但是最重要的是，他们了解能够持续不断取得成功的关键就是获得收入。只有出租率是不够的，只有平均房价也是不够的，今天的经理们应该两手都要硬。

　　今天，大多数饭店在运用收益管理时也是方法各异。虽然饭店在运用收益管理的自动化程度和复杂程度上有所区别，但是在竞争性市场中的大多数饭店通常还是会使用多级价格体系用于调节不同的关键变量。虽然不同品牌的饭店对于战略的理解不同，但是大多数饭店还是会用多元化的分销渠道来销售客房，同时这些饭店在前厅部这一层面也能够非常熟练地运用相关的收益管理战术。

　　饭店业现今已经把收益管理视作提升赢利能力的核心能力之一。然而，不是所有冠以收益管理之名而开展的工作都是前无古人的。一些收益管理中的战术方法实际上从工业时代就已经开始应用。火车的诞生给了人们有去往更多地方旅行的能力，为住宿业发展开启了新的纪元。在热门的旅游目的地出现了很多饭店，那些饭店中的职业经理人有着敏锐的商业嗅觉，他们了解淡季和旺季的需求差异。他们知道同一个客人在一次只买一个房间和一次买多个房间时价格的差异。他们能够看出哪些客人仅仅需要一间房来过夜而哪些客人还会在餐饮和其他服务上有更多的消费。为了对忠实的客人表示感激，饭店业者往往会对于回头客表示额外的关照。饭店的经理们往往会在客人到店时亲自迎接表示欢迎，给予房间升级并高度专注这些客人的各种需要。

尽管世界变化万千，但饭店业通过提供住宿服务来赚取收益的核心理念并没有变。也许今天的很多术语都发生了变化，但是季节性定价、包价、批量订房折扣、客户忠诚以及每次入住平均消费等概念却不是什么新的概念。许多像凯撒·利兹、埃尔斯沃思·斯塔特勒和威廉姆·华尔道夫·阿斯特这样的饭店业者都是用纸笔这样的手工系统来打理自己的饭店。那时很多饭店的服务首屈一指并且创造了很好的赢利。难道今天的饭店就没有什么新的突破了吗？

答案是否定的。现在的收益管理中的很多工作是从 19 世纪才开始的，计算机技术的应用大大提升了复杂信息的分析和处理速度。更加重要的是，饭店业已经不是 100 年前的样子了，它已经变成了一个全球性的产业。今天饭店中经理们的期望已经远超百年以前他们的前辈。在 20 世纪中后期的北美洲，中型和大型的饭店中所有权和管理权分开这样的模式逐渐成为主流，由此带来的财务压力变化巨大。

从市场供给的角度看，各个饭店公司群雄逐鹿，竞争压力巨大。从市场需求的角度看，互联网的应用使旅游者轻轻一点就可以获得他们想要的几乎所有信息，这也使得客人在与饭店对话时有了更强的话语权。从饭店运作的角度看，客人已经不单单期望只有客房送餐和前台接待能够 24 小时服务了。客人希望能够在任意时间里都可以查询饭店的可卖房情况。同时他们也希望能够在任意时间里都可以进行房间预订或者修改和付款。时间变成了另一种货币，客人希望自己的需要能够在第一时间得到满足。这就要求服务的提供者能够设置更加灵活的运营机制以满足客人的需求，置身其中的工作人员和系统必须能够准确有效地处理繁杂的工作任务。

能够有效运用收益管理的条件

收益管理中的一些工具正在许多行业中得以运用。例如，许多行业正在使用预测、基于季节的价格调整以及根据不同的消费者行为来细分自己的客户群体等策略。然而，只有当某个行业具有几个比较典型的特征时，才能发挥收益管理的全部潜力。这些特定的行业特征包括：

• 产能固定；
• 产品易逝或者对于时间敏感度高；
• 不同时间段的需求各异但可以进行预测；
• 产品成本构成具有高比例的固定成本和低比例的变动成本。

服务业就是这样的行业，下面我们来分别剖析一下相应的特征。

产能固定

一些行业在销售产品时往往不会有产能的限制。他们只需要多生产一些产品就可以满足增加的市场需求。例如，当我们卖的书供不应求时，我们自然可以再多印一些。同时，当需求量降低时，我们可以降低印量，减少库存，缩短营业时间而后等待市场回暖。

> 拓展阅读
>
> ### 110% 的出租率
>
> 在特定的情况下，饭店看上去可以违抗数学公式的定义而获得大于100% 的出租率。这怎么可能呢？首先，这只有在卖方市场才能出现，

（续）

20世纪70年代的东欧国家就是一个例子。当这些国家的入境旅游开始增长时，房间的供应则严重不足，很快市场成为卖方市场。其次，大多数旅游者以组团的形式到来。国家饭店，匈牙利布达佩斯市中心的一家饭店就是一个典型的例子。每个晚上，饭店里面全是旅游团队，大部分团队都住一个晚上。而在白天，这个饭店也是当地客人在下午时间段使用日用房的常用选择。这个饭店就在下午将房间卖给日用房客人，然后经过清扫再准备好迎接晚饭后到达的团队客人。团队合同上注明了只有10%的公差度。也就是说，如果一个团队预订了20间房，而实际只使用了17间或者更少的房间，但是饭店也会按照18间房来收费。换句话说，同样的一间房可能被卖给了日用房客人，然后又收取团队的房费，即使团队没有使用这个房间；并且在同一天内会再将这个房间卖给另外一个客人。在那几年这样的情况并不少见，这也导致了在20世纪70年代后期很多饭店的年度平均出租率有时会大于100%。但这些日子早已过去。

　　然而产能固定的行业则没有这样的选择权。固定的产能本身就是一个巨大的限制。每个饭店只有一定数量的房间可供出售。即使市场需求提高了，饭店也无法超量卖房。然而当需求下降时，饭店的接待能力也不会变。

　　诚然，如果有足够的时间，固定的产能也不是不能变化的。因此，有些人使用"相对固定的产能"这样的术语。我们不能一夜之间增加饭店的房间数；然而，如果我们看到市场会有一个持续的需求增长，我们自然会考虑再建一栋楼或者增建楼层。当然这通常需要耗费数月或者数年才能完成。我们自然不能通过变动产能来满足短期的市场需求变化了。

　　餐厅也许可以通过开放露台改变一下服务方式或者重新进行桌椅的摆放来缓解容量的限制，但是这样的方法同样存在局限性。生产能力的限制将直接导致一个餐饮时段的客流量。《消防安全法规》同样会对一个时间段内人数进行限制。

产品的易逝性

饭店是时间敏感的产品——一个房间只能在一个时间内被出租。客人离店后，饭店经过房间清洁、整理、补足物品使其能够再次卖给下一个客人入住。

每间夜的产品保质期很短。当晚房间无法出租隔天就无法挽回损失了。如果饭店的一间房当晚不能被出租，饭店是无法把这个晚上的出租权保存起来用以未来继续出租的。明天，饭店卖的是这个房间明晚的居住权。

有些行业的产品是有形的、可以保存的，所以它们可以把产品存起来作为缓冲。没有出售的产品就变成了存货。第一天没有卖出，第二天可以继续销售。饭店、航空公司、邮轮公司以及剧院销售的都是易逝产品。没有卖出的间夜、航班座位、客舱以及门票第二天也就失效了。这种产品的属性即为"易逝的"。由于产品这样的基本特性，完成销售的压力无疑是巨大的。失去一个销售机会无疑对赢利将产生强烈的负面影响。

变动的但可预测的需求

在饭店行业，需求无时无刻不在变动。诚然，对于不同地理位置及不同种类的饭店市场的需求各异，但是基本上所有的饭店都会面临基于季节的市场需求变化。对于一个主要接待来加勒比岛屿上享受冬日温暖的度假饭店和一个主要接待短期停留客人的巴黎市中心的饭店来说，季节性的市场需求肯定不同。但是两家饭店都可以了解自己饭店的旺季、淡季和平季各是什么时候。

季节性是指由于一年中季节的变化而导致的需求量的变化。但是需求变化在一周中也会产生。北美洲的饭店曾多年出现周六的出租率相对较高的情况。需求的变化也会导致运作的变化：饭店会在忙碌的营业日和清闲的营业日之间转换节奏。甚至在一天中都可能出现这样的变化：早上忙碌、中午清闲、晚间又忙碌成了商务饭店通常的节奏。赌场饭店与水疗饭店的客流模式也会不同。总之，每个饭店都有自己每年、每周和每天的"季节性"变化。

需求的变化使我们更加容易认识到收益管理的作用：收益管理在饭店中起到的作用远比那些需求变化不明显的行业要大得多。我们首先应该意识到任何事物都是变化的，这样才能开始引入收益管理。例如，我们去观测 7 天后的那天的预订数量，当时间推移到那天的前 3 天再次观察时，预订数量往往就产生了变化。这是因为客人可能会取消、变更他们的预订，而新的客人可能在即将入住时才订房。饭店的运作环境不可能静态不变。

这样变化多端的运营环境对于管理层来说是不是就成了噩梦呢？当然不会，因为这些变化往往呈现一定的规律，这就给预测理论打下了基础。饭店可以定义自己的客人淡旺季的开始和结束。饭店的历史记录同样记录着那些忙碌的时间段、日期和星期。饭店也可以预测法定假日、学校放假以及饭店周边大型活动对饭店收益的影响，这些信息可以被用来制作饭店的需求预测报告。基于准确的预测，管理层可以更加有效地运用价格、打包产品（捆绑销售）及其他的策略。

管理层面临的一个挑战是如何找到正确的战略、运用正确的战术来应对持续变化的环境以获得最优化的应对方案。收益管理可以依据这些颇具价值的数据来描绘出季节性的需求变化。精心设计的收益模型可以帮助饭店制定最佳的战略和战术以抓住收益最大化的各种机遇。

高比例固定成本和低比例变动成本

出租率并不会改变一些费用支出。当某项成本并不会因为销量的变化而变化时，我们就称它为固定成本。例如，利息支出、保险费用、固定资产摊销、年度的工资成本、能源消费以及保养费用等都是固定成本项目。

曾经有人质疑过工资支出和能源成本是否应该归为固定成本。但是，以往的饭店管理经验表明，饭店80%以上的能源成本变化更多地取决于天气情况而不是出租率情况。炎热潮湿的天气自然会导致饭店更多使用空调制冷；而寒风凛冽时饭店自然会增大暖气的使用。饭店不能将没有出租的房间和楼层封起来。从这种意义上说，大部分的能源和维护保养的成本支出应该被列为固定成本支出，因为销量和出租率不能直接产生影响。

只有一个部分的工资支出会直接关系到销量和出租率，那就是临时工与兼职员工的工资以及小时工的加班工资。因此，大部分的饭店工资支出也应被视为固定成本支出。

我们应该注意到饭店的固定成本支出是非常巨大的，占了整个运营成本的很大比例。这样的成本结构反映了饭店业资本密集型的行业属性。首先业主需要投入一笔巨大的资金用于购买一片土地，然后在上面建造饭店的主体建筑，完工后还需要用各种摆设、家具和设备来进行内部装修。当饭店准备开业，运营成本需要将这些数量巨大的固定物品投入包含进去，而这些物品等都变成了饭店的资产。作为一栋物业，饭店需背负以上所有的固定成本，但是这些固定成本的投入却无法反映饭店的运作业绩。

饭店不光持有这些固定资产，同时还需要从中赚取收入。那些按照每卖出一个单位的产品（间夜）付出的成本叫作变动成本。如果一个房间当晚没有被出租则无须对这个房间进行打扫和客用品的补充。变动成本也可以被描述为住客房和空房之间的成本差。

每间夜的变动成本就是将一间房进行整理以使其能够被重新出租的状态所需花费的平均金额。不同档次和服务的饭店在将房态从"有客房"转为"空房"时所需要的步骤也不同。清洗并更换上新的床品、毛巾，补足客用品都是变动成本的一部分，当然还有支付给客房服务员打扫这间客房的工资。高端饭店往往提供更多的客用物品，而且这些物品的品质要与这些饭店的客人的期望高度契合。即使饭店房间内不用定制的浴袍、高纱织数的床单、巧克力以及遥控器保护套等高端产品，为了一个新客人入住而花费的基本费用也会在 10 ~ 40 美元一天。如果房间没有出租当然就没有了这些支出。

收益最大化就是使用合理的方法帮助饭店解决影响赢利的各种挑战。饭店需要最大化收益以保证能够在负担支出的情况下还能有利润。缩减成本往往不会非常奏效，这并不仅仅因为饭店的服务质量会受到伤害，而且因为饭店能够缩减的往往是变动成本的支出，而这部分只占整个成本支出的一小部分。所以要想维持财务上持续不断的成功只有持续保持饭店最大化的收益才可以。只有保持强劲和稳定的最大化收益才能完成既定的财务目标，这也是饭店运营的底线。收益管理在迎接这样的挑战时所发挥的作用自然是非常重要的。

第 2 章

2

评价指标

一个公司要高效运营，必须有量化的目标以及在实现公司目标过程中有效的监控方法。经理们可以运用内部和外部的不同评价指标或者标准来评价公司运作的效果。最有效的内部评价指标都会和这个公司所提供的主要产品和服务有所关联。在住宿业中，主要的产品就是间夜。如你所料，大部分的内部评价指标都和间夜的销售数量以及所产生的收入有关，而重要的外部评价指标则着眼于公司所处的市场环境以及公司的竞争对手。

这一章会详细介绍一些在管理饭店或者其他住宿机构时所用到的最重要的内部和外部评价指标。

内部指标

虽然收益管理并不只是数字游戏，但是对大多数重要的运营表现指标进行准确计算也是非常必要的。管理层必须能够准确监测饭店的表现。饭店是资本密集型的产业，投资者既希望能够从他们的投资中获得回报，同时也需要承担投资风险。一旦一个饭店的投资回报不及预期，投资者自然会去寻求其他的投资机会。如果有风险水平相同而回报更高的其他本地物业、其他市场中的饭店或者其他商业地产生意出现，投资者可能就会减持对当下这个表现不好的饭店的投资转而去追逐其他的机会。行业已经见证了太多这样的减持事件的发生，这样的减持往往被贴上"减持非核心资产"、"丰富投资组合"或者"战略性资产重组"等其他各种各样的标签。当然如果资产回报能够满足预期，一切则风平浪静了。一旦某个资产不能产生预期的回报，投资者就开始审视其他选项了。收益管理可以改善财务表现，从而使这个物业对于投资者来说更具有吸引力。当然，也有一些投资者喜欢去找寻一些业绩不佳的资产作为投资机会，然后运用收益最大化战略来改善这些资产的收益水平。

一家饭店是否运营得好，唯一的方法就是用一些指标来测量饭店的表现是否达标。缺乏市场背景的测量往往意义不大。如果饭店在 6 月份的出租率是 70%，管理层如何分辨这样的表现是好是坏。内部指标往往会以三个常见标准进行比较。第一个常见的标准是和同期的历史数据进行比较。运营的历史数据是相当重要的参照。如果上述饭店在过去两年的 6 月份出租率都是 80%，则今年 6 月份 70% 的出租率就显得有些问题了，但是如果这个饭店在过去两年的 6 月份出租率分别是 50% 和 60%，那么，今年的数据则显现的是另外一个不同的意思了。

第二个常见的标准是预算。如果饭店在 6 月份的预算中出租率预期是 85%，70% 的实际出租率自然会引发管理层去探究未能完成预算的原因。第三个常见的标准是行业平均值。当使用行业平均值、进行比较时，如有可能，要注意选取和本饭店在规模、设施、服务水平、市场导向、店龄、商圈等都相似的其他饭店。包括各种不同饭店的行业整体平均值中由于只包含很少和目标饭店相似的饭店的数值，常常参考价值不会很大。但是相似的饭店的平均值可以比较出一个饭店在这个细分市场中的表现情况。

新开业的饭店没有历史数据。所以，必须要紧盯相似饭店的数值作为参考。这些信息可以通过很多很好的渠道来购买①。这种第三方的机构往往还会根据某个特定饭店的需要来进行相应的数据分析。

当一个饭店想要改善它的赢利能力时，第一组需要参考的数据就是饭店的历史数据。如前所述，大多数的变量指标都基于饭店的产品——间夜。单位销量以及所贡献收益的历史数据就是第一组需要关注的数据。

收入

　　收入是通过销售商品和服务，以适当的货币种类来表示的销售额。收入作为一个项目也会出现在一家公司的年度收入报表之中。通常在收入报表中，收入也会作为第一个被列示的栏目以显示其在收入报表中的地位（图2-1）。我们可以将这个数字细分成季度的、月度的、每周的，甚至是每日的收入数字以便分析。销售收入数据必须如实归档存放，当管理层需要时应可以随时取阅。我们可以将这些数据进行当年与去年的、实际与预算的、截至目前的财政年度的，或者任意一种的比较以达到我们的目的。

　　收入也可以按照收入中心的方式来进行细分。客房收入对于收益管理来说是尤其重要，也是我们的第一个焦点。一旦经理们对于客房收入管理有了很好的掌控，同时应用了收益最大化的战略，他们应该将其他的收入流统筹考虑并立刻拓展至全面收益管理。这些其他的收入流可能包括餐饮、会议场地出租、水疗、停车、零售和其他特有的经营项目收入。客房收入的计算公式为

$$客房收入 ＝ 已出租的间夜 × 房费$$

　　例如，如果一个饭店以122美元的单价售出了6,450个间夜，客房收入就是用6,450乘以122美元，结果为786,900美元。

图2-1　收入表

收入表			
		时期	
		今年	去年
收入		$	$
房间			
餐饮			

（续）

	时期	
	今年	去年
其他运作部门		
租赁和其他收入		
总收入		
支出		
房间		
餐饮		
其他运作部门		
行政费用		
市场营销		
物业运作和维护		
公用事业		
租金，物业税和保险		
利息支出		
折旧和摊销		
资产处置损益		
总支出		
税前收入		
收入税		
当期税费		

（续）

	时期	
	今年	去年
递延税费		
总收入税费		
净收入	$	$

资料来源: 兰辛,《住宿业统一会计制度》（第 10 版），密执安州，美国饭店协会教育学院, 2006 年, 第 18 页。

出租率

出租率是住宿业中最常用的评价指标之一。它表示已出售的房间数对于总房间数的所占比。其计算公式是：

出租率 ＝ 某时间段内所出售的间夜数量 ／ 同时段内可供出售的间夜数量 ×100%

例如，某个拥有 300 间客房的饭店在一周内售出了 1,428 个间夜。总间夜数等于 300 间乘以 7 晚，也就是 2,100 个间夜。则该饭店这周的周出租率计算方式是 1,428 除以 2,100 再乘以 100%，也就是 68%。

在进行分析时，不能单独考量出租率或者收入，应该将两者综合起来对饭店业绩进行检验。

每日平均房价

每日平均房价是指在某一时期内售出房间的平均房价。每日平均房价应当以每日、每周、每月作为计算周期。其计算公式是：

每日平均房价 ＝ 客房收入 ／ 所售间夜数

例如，如果某个饭店在某一周中售出了 1,428 个间夜，得到了 114,240 美元的客房收入，则这周的每日平均房价为 114,240 美元除以 1,428，结果为 80 美元。

　　追踪并观测每日平均房价非常重要。饭店竭尽所能在制定房价时既要让客人感觉到物有所值也要满足饭店的财务目标。传统意义上人们希望每日平均房价能够逐年增长。然而，有时实际却和期望大相径庭。市场的压力或者饭店硬件的老化可能会导致每日平均房价这一指标在不同财政年度间出现下降。通过计算和追踪每日平均房价的变化，管理层可以量化价格变化的影响，逐步找到问题的根源，并依此找寻解决问题的方法。在某些案例中，每日平均房价的下降是产品品质低下所导致的。如果管理层不去投资来升级产品，饭店就会持续地丢掉市场份额。这些饭店如果不去再投资或者无法再投资，饭店有时就会在市场定位中被降级，例如，一家已经名不副实的高档饭店在重新进行定位之后可以变成一家很有竞争力的中档饭店。

　　"免费房是否应该被包含进每日平均房价的计算"这个问题时常被提出。按照住宿业统一会计制度（Uniform System of Accounts for the Lodging Industry），免费房是不应被包含的。免费间夜并没有被出售并贡献收入，所以如果包含免费间夜则每日平均房价就会出现误差。如果一个间夜没有因为赚钱的目的而被出售的话，就不应该被囊括进销售表现的分析中。

可出租客房平均收入

　　出租率和每日平均房价都是常用的评价指标，但是有些时候好像也会失灵。我们用一个饭店两个营业日来举例。第一个营业日，饭店的出租率是70%，每日平均房价为95美元。第二个营业日，饭店的出租率是75%，每日平均房价为90美元。那这两个营业日哪个看起来经营状况更好呢？从每日平均房价来看是第一个营业日，而从出租率的角度看则是第二个营业日。要解决这样的冲突的一种方法就是将每日平均房价和出租率整合成一个数据来考量，这个整合后的数据指标就是可出租客房平均收入（RevPAR）。可出租客房平均收入能够衡量一定时期内管理层激发饭店在市场中潜力的程度。可出租客房平均收入指标在近些年中逐渐被广泛应用并成为了在衡量客房收入水平时最常用的计算方法。下面列出了两个计算可出租客房平均收入的公式：

　　　公式 1：可出租客房平均收入 = 一定时期内的房间总收入 /

　　　　　　　同一时期内的可卖房数量

　　　公式 2：可出租客房平均收入 = 每日平均房价 × 出租率

以上两个公式结果相同。

　　在上述的例子中，第一个营业日的可出租客房平均收入为 95 美元乘以 70%，结果为 66.50 美元。第二个营业日的可出租客房平均收入为 90 美元乘以 75%，结果为 67.50 美元。从收益或者可出租客房平均收入的角度来讲，显然第二个营业日的经营结果更好。

　　可出租客房平均收入固然是一个非常实用的指标，但是使用者也应切忌矫枉过正。首先，可出租客房平均收入指标的好坏本质上取决于收入，最高的收入自然会让可出租客房平均收入指标看上去很完美。但是最高收入并不一定能够换来利润的最大化。可出租客房平均收入指标忽略了必须要考虑的成本因素。其次，不同的营业状况很可能产生从收益管理团队角度看上去相似甚至相同的可出租客房平均收入结果。我们以一个 120 个房间的饭店的两个经营场景为例。在第一个场景中，饭店以平均 100 美元的房价出售了 66 个间夜。在第二个场景中，饭店以平均 66 美元的房价出售了 100 个间夜。两个场景中的房间总收入均为 6,600 美元，可出租客房平均收入为 55 美元。但这两个场景完全一样吗？从客房收入的角度讲，是的。但这样的总收入却是两种场景不同的结果，哪个更好呢？怎么来判断哪个更可取呢？

　　在解答这两个问题之前，我们先来考虑一下饭店在有意或者无意之间会不会倾向于仁者见仁指标中的某一个。在管理中有一个众所周知的道理，员工往往无利不起早。如果管理层的目标没有和奖励机制很好地相结合，那么，实现这个目标的概率自然会降低。如果奖励机制倾向于较高的每日平均房价，前厅部经理自然会为了做高每日平均房价而努力，其结果就是第一个场景（每日平均房价 100 美元）。如果奖励机制倾向于前厅部经理将饭店的房间填满，则他自然会努力追求第二个场景中的结果，并将出租率做至 83.33%。如果奖励机制倾向于可出租客房平均收入，则他基本上会将两个场景等同视之。

所以，是否其中一个场景更值得追捧呢？结果自然是肯定的，但是选择哪一个却是仁者见仁。确定一种经营方式并非易事，因为两种方式均有赞同与反对的声音。倾向于用低出租率但是略高的每日平均房价来出售房间的饭店需要打扫的房间少，在同样的客房收入的情况下，变动成本最低。而倾向于以较低的每日平均房价出售房间获得更高出租率的饭店则盼望着更多客人来到饭店增加饭店其他收入（停车，餐饮，房间内电影点播服务等）。在我们没有比较第一方案中的变动成本和第二方案中可能的额外净收入之前，我们很难判断孰轻孰重。

就此而言，即使我们做了比较，可能问题仍然得不到解决。这是因为，排除两者同样的收入，收益经理会视这两个场景为完全不同的战略所导致的完全不同的结果。同样的房间一个愿意付 100 美元的客人和一个愿意付 66 美元的客人说不上谁好谁坏。但是我们应该认识到这两个客人属于不同的两个细分市场，而开拓不同的细分市场需要完全不同的方法。饭店应确定它的主要市场，因为在选择市场上往往有很多其他的决定因素，所以是进入 66 美元的市场还是进入 100 美元的市场就是一个战略性的决定。

换句话说，每日平均房价高不一定就比每日平均房价低要好。饭店的中心问题就是选择好合适的目标市场并获得一个合适的每日平均房价。在一些市场环境中，中档的饭店比奢华饭店更具赢利能力。这两种饭店在每间房的投资上不同，它们的运作成本、员工数量、客户以及收入组合也不一样。有限服务型饭店（不提供餐饮设施的饭店）的流行证明了只要有正确的产品并认真地选择好要开拓的市场，自然会有利可图而无须考虑价格水平。笃信只有奢华高端的饭店才经营得好是大错特错的观念。只看每日平均房价是无法判断财务上的成功或失败的。"66美元和100美元哪个更好"这个问题的终极答案是：要依特定饭店的商业战略而定。

正如对待所有其他的营业指标一样，管理层也应该追踪一段时间内的可出租客房平均收入指标，这样就可以识别一些较大的数据变化并在必要时进行分析。每日平均房价或者出租率的变化都可以导致可出租客房平均收入的变化，但在现实中往往这两个数值不会单一发生变化，收益经理应透过数字看到所反映的趋势并进行评估和战略决策。收益经理应分析出哪个变量（每日平均房价或者出租率）是造成变化的主要因素。假设分析结果显示每日平均房价的上涨主要是由于房价上升而不是出租率的变化，那接下来要考虑的问题就是：我们期望市场接受进一步房价上涨的合理时间间隔是多长？未来是否存在刺激出租率增长的可能？应该实行什么样的战术？只要问对了问题，就已经找到了大半答案。

边际贡献（净收入）

到现在为止我们所讨论的评价指标都只是考虑了客房总收入，没有一个指标考虑到了支出。收入指标是收益管理分析的一个很好的开始，但是它们只是开始。房间净收入的计算就进入了下一个级别，开始包含管理要素中最具关联性的成本项目：提供产品（间夜）的变动成本。每销售一个单位（间夜）的变动成本指的是用于打扫、整理和重新补足客房用品的支出。如果房间没有被出售则没有这部分的成本发生。当我们知道了客房总收入和变动成本之后，我们就可以计算边际贡献或者房间净收入。边际贡献是销售收入余下的部分，用于抵偿固定成本支出；当固定成本全部抵偿完毕时，变为利润。一个房间的边际贡献计算公式为：

$$边际贡献 = 房价 - 变动成本$$

例如，如果房价为 138 美元而这间房的变动成本为 18 美元，这个间夜的边际贡献计算方式就是 138 美元减去 18 美元，结果为 120 美元。不同的房型可能会被区别定价同时也有不同的变动成本。房务部整体的边际贡献就是每个房间边际贡献的总和。

相同净收入

边际贡献的计算可以被应用于调节不同的价格水平以及出租率水平。这个计算的目的是在改变每日平均房价的情况下，计算出租率应为多少才能和变化以前的净收入持平。假设我们的每日平均房价为 138 美元，平均变动成本为 18 美元。如果现在的出租率为 72%，那么当我们把每日平均房价降为 115 美元，出租率应该为多少才能取得和之前相同的房间净收入呢？公式如下：

$$所需的新出租率 = 现在的边际贡献 / 新的边际贡献 × 现在的出租率 × 100\%$$
$$= (138 - 18) / (115 - 18) × 0.72 × 100\%$$
$$= 89.07\%$$

计算结果显示这家饭店在将每日平均房价由 138 美元降至 115 美元后，同时维持每个间夜变动成本 18 美元不变的情况下，需要取得 89.07% 的出租率才能取得降价之前的同等收入。这个公式同样可以适用于提高房价时的出租率计算。如果在上一个例子中的管理层考虑将每日平均房价提高到 143 美元，则 69.12% 的出租率即可取得和调价前相同的边际贡献（净收入）。

这个公式帮助管理层通过量化价格变动后的结果来分析不同的经营情况。收益经理必须去判断通过降价来提高出租率是否现实。在我们之前的例子中，在房价打折 23 美元后（从 138 美元降至 115 美元），出租率需要相应提高 17% 才能和之前的房间净收入相等。饭店能做到吗？管理层需要在动态的市场供需环境下来决定价格以满足饭店的财务责任。收益经理也应全面了解情况，据此进行分析并制定出能够完成饭店预算目标的战略。

边际收益的考虑

边际收益是指每多销售一个单位产品所得到的额外收入。边际成本则是每多销售一个单位产品所带来的额外成本（或者称为单位变动成本）。在销售房间的两种不同的情况下我们需要考虑边际收益。第一种情况是假设饭店在财务目标（预算）上表现良好，能够负担计划中的所有支出。基于这样的假设，收益经理会极力倾向于降低未售房间的房价以增加销量从而最大化边际收益。这个例子的逻辑在于房务部以高于变动成本的价格出售房间就可以赚得净收入。基于之前的那个例子，任何高于 18 美元的房价都可以带来净收入。当然这个价格数字可能低得让人吃惊。但是如果一家饭店已经按照正常节奏一步步迈向自己的营业目标同时又想用"超级特价"这样的活动在市场中拓展一下的话，这也是一个值得考虑的方法。

而第二种情况则是在遭遇到极大的市场压力，在定价时片刻不忘计算边际收益。一些非同寻常的事件可能会导致需求的巨大下降。在最近的记忆中，饭店行业共同见证了这样一些市场灾难，例如 2001 年 9 月 11 日纽约和华盛顿特区遭恐怖袭击之后；2003 年春季"非典"在多伦多肆虐之后；2005 年 8 月卡特里娜飓风在新奥尔良造成灾难后，同样的例子还有不少。当市场迅速萎缩，饭店必须竞争那些剩下的旅游者的生意。在这样的情况下，能够渡过难关往往比完成甚至超过预算更加重要。固定成本还是要支出的，各饭店会很快面临资金匮乏的情况。此时的指导思想就是只要房价高于变动成本就可以带来边际收益，有总比没有要好。为了能够产生现金流并保留渡过市场低迷时期的希望，很多饭店开始接受这样的想法。

每天每间可供出租客房的经营毛利润

每天每间可供出租客房的经营毛利润（GOPPAR）是检验赢利能力的更

进一步的指标。每天每间可供出租客房的经营毛利润是通过比较一个时间段之内的总运营利润与那个时间段的可卖房得出的——《住宿业统一会计制度》第 10 版中生成的总体运营报表里的其中一行（图 2-2）。我们可以每月、每季度或者每年度进行这个计算。它的公式是：

每天每间可供出租客房的经营毛利率（GOPPAR）

= 一段时间内的总运营利润 / 那个时间段的可卖房间数量

例如，一个 350 个房间的饭店在一年中实现了年度总运营利润 465 万美元，这时这个饭店的每天每间可供出租客房的经营毛利润就是 4,650,000 /（350 × 365），结果为 36.4 美元。

这个指标可以衡量成本效率。可出租客房平均收入指标在衡量收入表现上是有效的，然而评价整体的赢利能力则更加重要。衡量总利润可以暴露运营效率低下的问题。我们既要能够创造好的收入从而使收入表的第一行看上去吸引人，同时也应该让最后一行同样具有吸引力。

过去 20 年委托管理模式的迅速发展成为了管理方重视总运营利润的部分因素。尤其是北美洲的饭店更加接受这一将饭店的所有权与经营权分离的趋势。也就是说，饭店的业主已经很少去管理他们的饭店了，他们会去雇用专业的管理公司来运作饭店并支付费用。年复一年委托管理模式也产生了一些变化，早期的大部分委托管理合同中管理公司赚得的管理费都与收入挂钩，然而，这样的方法并没有考虑业主的利益，只是管理方认为理想的方式。管理方可以将收入数额做得很高从而赚得高额的管理费，但是不顾运营利润降低的事实。解决这个问题的一个方法就是将奖金与总运营利润挂钩。另外一个常用的术语是"EBIDTA"，即未计利息、折旧、税项及摊销前的利润。让我们再看一下图 2-2。我们可以注意到在总运营利润一项上面的每一项都与管理方有关，而总运营利润一项往下的每一项则都是业主的责任。这样用管理层可以控制的项目去衡量他们的表现自然更加合理。最终他们选择了计算总利润以及使用每天每间可供出租客房的经营毛利润作为衡量标准。每天每间可供出租客房的经营毛利润这个指标可以帮助饭店实现收益最大化战略以及确定改善赢利能力的其他战术。

图 2-2　运营汇总

	本期						年累计					
	实际		预测		上年度		实际		预测		上年度	
	$	%	$	%	$	%	$	%	$	%	$	%
收入①												
房间												
餐饮												
其他运作部门												
租赁和其他收入												
总收入												
部门支出②												
房间												
餐饮												
其他运作部门												
总部门支出												
未分运营支出												
行政费用												
市场营销												
物业运作和维护												
公用事业												
总未分运营支出												
总运营利润												

（续）

	本期						年累计					
	实际		预测		上年度		实际		预测		上年度	
	$	%	$	%	$	%	$	%	$	%	$	%
管理费用												
未减固定费用前收益												
固定费用												
租金												
物业和其他税费												
保险												
总固定费用												
净营业收入												
减去：更新储备金												
调整后的净营业收入												

注释 1：部门收入占总收入的百分比。

注释 2：部门支出是销售成本（如果适用）和总费用的合计。部门支出显示为相应部门收入的百分比。

资料来源：兰辛《住宿业统一会计制度》（第 10 版），密执安州，美国饭店协会教育学院，2006 年，第 35 页。

其他指标

还有一些其他指标的计算可以帮助分析收入表现。其中一个就是每房总收益。与可出租客房平均收入只考虑客房收入不同，每房总收益则是包含了所有收入中心的总收入。当饭店经营者进行全面收益管理时会发现长期跟踪这个指标是非常有意义的。

另外一个例子是每客收益（Revenue Per Available Customer，RevPAC）。每客收益也是一个长期跟踪后可以显露出非常有意义的信息的指标。然而，要想使每客收益保持准确却非常困难。第一个挑战就是饭店无法准确了解住客数量。这个问题的出现是因为很多饭店无法精确地统计出某一天的住店客人的数量。对于一个房间中住两个客人或者三个客人是否应该区别收费，行业中也还没有一个普遍被接受的标准。有些饭店对于额外的客人会收费，有些则不会。那些不收费的饭店自然不会投入很大力量去收集准确的人数数据。有些情况下，一个客人可能直接进入与他合住客人的房间休息而不会去前台办理入住登记。

如果每客收益的计算依据的是总销售收入的话，那些房务部以外部门所贡献的收入就引发了一个有趣的问题：计算公式是将收入与住店客人数量联系在一起，那应该把非住店客人的收入也计算在内吗？比方说，饭店周边散客惠顾饭店餐厅的花费。我们相信这可能影响了每客收益的准确性和实用性，但是想要把住店客人和非住店客人的餐饮消费准确分开却是非常困难的。不是每一张消费单都是可以追踪的。一些住店客人可能将他们的晚餐消费记入房账，而另外一些客人则会付现金。这样可能无法追踪该消费是否是住店客人的消费。与之相似的是，宴会部门可能从本地客户那里获得很大的收入。那这个收入应该合并进每客收益的分析吗？这是一个无法简单回答的问题。一旦确定了计算方法，可能每客收益计算中最重要的部分就有一致性了。一旦饭店确定了计算方法，就应该坚持这种方法。

另外一个可能帮助饭店更深层次了解市场的方法就是对每次入住消费额的分析。饭店从收银员每天的报表中可以得到数据从而了解在一个会计时段里有多少账单已经被支付了。被合并的总金额账单可以按付款交易被分账。客人每次住店的平均消费额提供了关于饭店客户的非常有价值的数据。这个数据也显示出了某个饭店在销售方面的有效性。挖掘这些数据有助于饭店从各种不同的收入流和其他趋势中了解客人的消费习惯。

外部指标

内部指标是将饭店的经营表现与本饭店的历史数据或者预算进行比较。这些指标非常重要，但是光凭这些指标还是不能了解饭店的全貌。审视各种各样的外部指标同样重要。这些外部指标将饭店和市场中的竞争对手进行比较。饭店不是处于真空之中的，一个饭店管理层的决策可能会导致竞争对手一个甚至很多个回应，而这些回应会导致本饭店发出更多的应对之策。大多数饭店直接与其他饭店竞争客人。为了在这样一个动态的市场中了解饭店真实的表现，饭店必须用更有意义的方法来评测其经营情况。在这一部分本文介绍三个重要的外部指标：竞争对手、市场份额和市场渗透。

竞争对手

一旦饭店的管理层清晰地掌握了本饭店的经营状况指标，就需要与他认为的那些竞争对手进行对比。这一组饭店就被称为竞争对手或者竞争对手组合。哪些饭店应该被包含进这个组合呢？

每个饭店都应该明确自己的竞争对手。应该把一个机场跑道旁边的经济型饭店列为一家市中心高档饭店的竞争对手吗？可能不会。竞争对手组合总体上应该涵盖本饭店附近提供相似产品和价格的那些饭店。定义竞争对手的标准时应该提出一个基础性的问题：这些饭店的目标客户是否一致？设置竞争对手组合时应该包含以下一些考虑因素：

地理位置 一个潜在客户会去选择临近的一些饭店。在高密度的大都市市场环境里，这个"临近"可能是任何合理的距离，从两个街区到15分钟的车程都有可能。一个饭店的收益经理可以在地图上以自己的饭店为圆心，以一个给定的距离为半径画圆，这样来圈出竞争对手。在市郊或者度假村市场，需要测距来确定的竞争对手饭店不应该只包括临近的竞争饭店，而应该包含从一个主要客源点出发相同距离的其他竞争对手。从一个客源集中点（例如一个机场或者一个主题公园）出发驾车距离相似但是与本饭店方向相反的饭店也可以和我们竞争同样的客人。在度假饭店市场，饭店与沙滩的距离或者与滑雪场的距离都可能影响度假者的饭店选择。

设施　一旦设置了地理上的边界，我们就开始按照其他标准来将这一区域内的饭店从我们的竞争对手名单上增加或者删除了。能够提供相似设施的饭店就应该被列为竞争对手。那些没有停车设施、健身房和会议设施的饭店需要去决定是否与有这些设施的饭店来竞争。任何客人需要的设施都是重要的（例如客房送餐服务或者房间内电影点播服务等）。全服务型饭店所服务的客人往往比有限服务型饭店的需求更加多样化。公寓型饭店不会去和一家提供顶级奢华服务的精品型饭店竞争，即使它们处于同一街区，这是因为它们拥有非常不同的设施同时面向不同的细分市场。

房价　价格范围和价格体系都应该被考虑。在客人眼中，在同一地段的、有着相似设施的、同时价格也相近的饭店就成为了他们的不同选择。基于这样的属性，把这些饭店列为竞争对手就再合理不过了。价格体系是指存在相似的多级价格体系，还可能包括季节价格、政府价格、会议价格和老年人价格。周末报价和常客价格也可以成为比较的一部分。如果在临近区域中的某饭店在价格水平和结构上与本饭店相似，这个饭店就绝对应当被列为竞争对手了。

等级　评级机构通过对饭店全面的检查授予饭店钻石等级（美国汽车协会与加拿大汽车联合会）或者星级（移动旅游指南与加拿大精选）。潜在客户认为在同一范围内的同等级的饭店提供相似质量的产品。评级服务会认真审视饭店的各种属性，从饭店外观是否吸引人、维护保养情况、饭店是否干净到服务水准和员工的能力。同一市场中的同星级饭店应该被视为竞争对手。

品牌关系　对品牌的熟悉度可以驱动决策，尤其是在北美市场。虽然大量的市场研究表明从 20 世纪 90 年代晚期以来品牌忠实度已经大大降低了，可品牌的影响犹在。客人往往在竞争对手饭店提供一个更优惠价格时放弃某特定品牌，当然他们平时选择的也可能是另外一个品牌。在北美洲市场环境中，品牌产品比非品牌产品对大多数客人来说更具吸引力。方便、熟悉、客人的"舒适区"效应是客人强烈喜欢某品牌的主要原因。品牌关系将饭店和它的客人联系在一起。瞄准相似细分市场的饭店品牌应该被列为竞争对手。

在设置竞争对手时考虑互联网搜索引擎和在线比较购物网站的因素也是非常重要的。很多潜在客人正在使用这些工具来选择饭店。所以饭店也应该做相应的搜索来审视搜索出这些饭店。那些最流行的搜索引擎或者旅游网站所列出的搜索结果既是对饭店已经明确的竞争对手名单的确认，同时也可能会显露出其他一些还没有设置为竞争对手的饭店。搜索引擎使用相同的标准识别出最符合关键字的项目。更好的搜索引擎还提供按照房价、分类或者设施来排序的功能。请注意大多数搜索并不是"自然的"（这里"自然的"是公正的意思，"自然的"结果只是基于相关的搜索标准而得出的）；服务供应商可以付费以获得首页显示或者在列表中几乎置顶显示的权利，以使他们在特定的列表中占据更加有利的位置。即使如此，去做相应的搜索还是值得的。收益经理需要从客人的角度了解他们有哪些选择，从而准确设置竞争对手。

拓展阅读

行业透视：竞争对手设置定义
你的竞争者对于饭店的成功至关重要
作者：斯科特·法雷尔，TravelCLICK 公司副总裁

当你展望你的市场，往往依据这个方法来定义你的竞争者们："我能从哪个饭店偷到市场份额，哪个饭店可以偷走我的市场份额？"如果

（续）

你不确定，去问问那些正在做购买决定的人（你的客人，旅行社，会议组织者等），他们考虑将哪些饭店作为未来住宿的选择或者他们之前住过什么饭店。针对每个细分市场可能都会有不同的竞争者。例如，旅游散客可能会在一组饭店当中做选择而会议组织者在为团队选择饭店时可能会在另外一组中做选择。

你应该经常把自己的经营业绩与之前的经营业绩和竞争对手的经营业绩相比较。市场和竞争对手是经营业绩最好的试金石。如果只将饭店的成功与预算联系起来则会导致饭店达不到最好的经营业绩。例如，你可能已经完成了预算同时觉得经营情况不可能再有突破了，但是如果整个饭店市场非常繁荣，你可能就不会成为市场中的赢家。记住，水涨则船高。你当然希望你的涨幅超过你的竞争对手，而不是和他们一样。

依据你的市场情报数据，你的战略可能是将销售的力量放在某些渠道上，调整价格，或者微调促销的时间安排。你应该制定一个可以帮助你实现市场目标的计划，并开始实施，但是这还不是终点，应该继续搜寻市场情报并基于这些发现来调整你的计划。

每个饭店都有竞争者。有时这个竞争者就在隔壁，有时在城市的另一端，而有时可能在另一个城市或者国家。我们也看到很多饭店的竞争对手组合设置得并不好。大多数的竞争对手组合都趋向两类：

- 自欺欺人型设置：所选择的竞争对手饭店处于本饭店的"安全区"，而不是那些真正具有竞争力的饭店；这样的竞争对手组合往往是为了衬托出本饭店经营业绩的出色，而不是为了去获取市场信息。通过自欺欺人型设置，饭店可能看上去经营得不错，但是它却不会知道真正的市场定位和市场机会是什么；

- 一厢情愿型设置：某饭店只是一厢情愿地列出自己应该有的竞争对

（续）

手都是谁，而不是因为产品质量、服务或者产品档次这样的原因；

有时，这样的竞争对手组合会帮助饭店获得一些市场信息，但是更多时候，饭店据此制定出的价格最后会给饭店带来负面的影响。

现在你可以想一想你的饭店了，你的竞争对手都是谁呢？请看着你的竞争对手组合并问自己如下的问题：

- 我可以合理地预期从这些饭店竞争来生意吗？
- 这家饭店是否把我列为竞争对手？
- 我的客人在选择饭店时是否会考虑这家饭店？

对于上述三个问题你的答案都是肯定的吗？如果不是，则是时候去重新审视你的竞争对手组合并重新选择一次了。你应该和整个行政团队一起做这件事。去拜访一下你现在竞争对手名单上的饭店和其他一些和你有相似服务和产品的饭店。有时一个饭店可能需要根据自己的客源组成设置多个竞争对手组合（例如一个是针对团队客源的，另一个则是针对散客客源的）。

去了解你的竞争对手组合有助于你成功地在市场中定位自己的饭店并最终以自身的方式展示你的饭店在市场中的表现。无论市场的需求强弱，这都很重要。

在一个上升的市场中，一个很好的竞争对手组合可以帮助饭店业绩和市场同步上升或者高于市场。在一个下降的市场中，它可以帮助饭店在每一次市场机会中都占得先机。

设置竞争对手组合的过程也可以帮助你了解你的饭店应该如何去进行销售、市场推广、定价以及市场定位。一旦你已经合理地设置了你的竞争对手组合，你还要做什么呢？你应该持续不断地关注你的竞争对手在做什么，他们在如何做销售，他们在哪里做销售。通过了解他人，同

（续）

时摆正自己的位置，你就可以占得先机。如果你忽略了你的竞争对手正在做什么，你可能就会因为定价过低而赚不到钱或者因为定价过高而丢掉市场份额。

所以，你应该知道如何运用你已经设置好的竞争对手组合来知晓你是否在市场中取得了应有的业绩。最简单的方法就是要知己知彼。使用竞争者数据报告来观察你的竞争者同时摆正自己的位置。所以每天都要：

- 监控每个饭店的房价：这样可以保证你不会对你的目标市场定价过高或者过低；随行就市的定价可以让你在需求淡季拿到更多的市场份额同时在需求旺季赚取更多收入。为了使这项工作能够持续下去，你应该花点钱到一些能够提供竞争对手价格信息的第三方数据提供商，例如"价格监测公司"（RateVIEW），来定期以固定形式得到信息。

- 监控你的价格变更节奏以保证得到期望的效果：如果你变更价格的节奏缓慢，可能就是你对你的价格策略太有信心了。相反如果你想在特定的一些日子通过提高房价来赚钱则你的变价节奏应该快一些。

每周都要：

- 监控你的渠道情况：这可以通过查看你的预订节奏报告里的渠道预订数和整体预订数变化来得到；

- 你也可以通过全球分销系统（GDS）来获取报告以监控自己的进展：它提供的"未来之步"（FuturePACE）的报告可以帮助你确保你正在施行的战略和战术可以起到应有的效果。

你要按月监控你的市场环境，有许多数据报告可供使用。史密斯旅游研究公司（Smith Travel Reports，STR）可以帮助你监控你和你的竞争

（续）

对手的整体状况。《饭店情报报告》（*Hotelligence Reports*）可以帮助你了解你在全球分销系统中的位置以及你的竞争对手的位置。它还可以提供有价值的、可以带来额外生意的销售机会。了解你自己所处的位置可以让你了解你的战略和战术哪些有用，哪些没用。

竞争对手组合是你了解你的饭店的重要资源，通过它你还可以了解你的市场环境以及你在当中的位置。通过合理地设置竞争对手组合，观察并按需调整，你的饭店无论在任何市场环境下都可以比你的竞争对手表现得更好——从而带来长期的增长和成功。现在你还能拒绝一个利大于弊的竞争对手设置工作吗？

市场，以及由此而来的竞争对手组合，本质上都是不稳定的。我们需要按时重新评估我们的竞争对手组合，至少一年一次。经过剧烈的市场供需变化，竞争对手可能也在快速变化。例如，在市场需求突然下降之后，高端的饭店经常会降低价格以吸引中端饭店的客人。这样一来中端饭店就会突然迎来从前不是自己竞争对手的竞争。一场风暴、一个全市性会议的取消或者是恐怖袭击的威胁都能够让市场变脸。

在饭店变更了所有权后，我们也经常看到饭店的业主会将饭店的定位调高（更加激进地经营）或者调低（要比整体重新装修简单和便宜）。这样的转换可能会使一家非品牌饭店品牌化或者更换原有饭店品牌。这样的变化会使饭店在市场中发生变化同时导致了更新竞争对手组合的必要性。

竞争对手组合的设置至关重要。每个饭店都会认真监控竞争对手的产品改良、销售活动、价格变化等。饭店需要从一个或者多个方面来应对竞争者的行动。如果没有认真选择竞争对手，就会把一些本不该包含的饭店列为竞争对手。这样所带来的问题就是饭店会依据这些本不和自己在同一市场中的竞争对手做出的调整来调整自己。从另一个方面来说，忽视了自己真正的竞争对手就会使自己的饭店在不知不觉中丢掉巨大的市场份额。显而易见，饭店应该认真设置自己的竞争对手组合并按时进行名单维护。

市场份额

一旦饭店设置了自己的竞争对手组合，则下面的问题就是：所有参与竞争的饭店的总接待能力有多大？每个竞争对手控制了多大的一部分？一些收益经理把这两个问题说成是市场的"蛋糕"有多大，而我能切得了多少。我们来看一个 5 家饭店竞争同一市场的例子。假设如下：

饭店	房间数	应有市场份额
A	205	11.5%
B	225	12.7%
C	400	22.5%
D	460	25.9%
E	485	27.3%
总 计	1,775	100%（四舍五入）

每家饭店都可以容易地计算出自己在 1,775 个房间的总容量中所占的比重。"应有市场份额"就是指，在所有方面都相同的情况下，每家饭店都可以拿到与其市场容量比重相同的市场份额。每家饭店都希望能够占得"应有市场份额"，当然还希望更多一些。下面的例子显示了各饭店在一个 30 天周期内所销售的间夜数：

饭店	房间数	应有市场份额	已售间夜	间夜市场份额
A	205	11.5%	3,936	10.1%
B	225	12.7%	4,590	11.8%
C	400	22.5%	8,520	21.9%

（续）

饭店	房间数	应有市场份额	已售间夜	间夜市场份额
D	460	25.9%	10,626	27.3%
E	485	27.3%	11,204	28.8%
总计	1,775	100%（四舍五入）	38,876	100%（四舍五入）

数据显示饭店 A、B 和 C 都没有获得它们的"应有市场份额"间夜数。也就是说，它们的间夜数比例比容量比例要低。饭店 D 和 E 则比"应有市场份额"更多 这两家饭店获得了它们在市场中所占房间比例更高的实际间夜数。

但是应该研究的不能只是单位的销售量。收益管理还要衡量收入。请参照下表：

饭店	房间数	应有市场份额	已售间夜	间夜市场份额	客房收入	客房收入市场份额
A	205	11.5%	3,936	10.1%	$625,824	12.3%
B	225	12.7%	4,590	11.8%	$679,320	13.4%
C	400	22.5%	8,520	21.9%	$1,158,720	22.8%
D	460	25.9%	10,626	27.3%	$1,285,746	25.3%
E	485	27.3%	11,204	28.8%	$1,333,217	26.2%
总计	1775	100%（四舍五入）	38,876	100%	$5,082,827	100%（四舍五入）

饭店 A、B 和 C 虽然在出售的间夜数上略低于"应有市场份额"，但是收入却高于这个标准。换句话说，饭店 D 和 E 则没有取得和它们的"应有市场份额"相称的客房收入。

还记得合并了出租率和每日平均房价指标的可出租客房平均收入吗？它同样可以在这个分析中通过合并间夜数量和客房收入为一个数据来发挥作用。

饭店	房间数	应有市场份额	已售间夜	客房收入	出租率	每日平均房价	可出租客房平均收入
A	205	11.5%	3,936	$625,824	64%	$159	$101.76

（续）

饭店	房间数	应有市场份额	已售间夜	客房收入	出租率	每日平均房价	可出租客房平均收入
B	225	12.7%	4,590	$679,320	68%	$148	$100.64
C	400	22.5%	8,520	$1,158,720	71%	$136	$96.56
D	460	25.9%	10,626	$1,285,746	77%	$121	$93.17
E	485	27.3%	11,204	$1,333,217	77%	$119	$91.63
总计	1,775	100%（四舍五入）	38,876	$5,082,827			

　　渗透指数选取了与计算市场平均值相同的指标。当渗透指数大于100%表明超过了市场平均值；而低于100%表明没有达到市场平均值。当渗透指数等于100%时，则表示与市场平均值持平，换句话说，就是饭店达到了市场的平均表现，既不好也不坏。想要了解市场渗透指数，需要如下的计算：

市场平均出租率 = 售出的总间夜数 / 总可卖间夜数 ×100%

= 38,876 /（1,775 × 30）×100%

= 73.0%

市场每日平均房价 = 总客房收入 / 售出的总间夜数

= $5,082,827 / 38,876

= $130.75

市场平均可出租客房平均收入 = 市场平均每日平均房价 × 市场平均出租率

= $130.75 × 0.73

=$95.45

　　这些运算结果允许我们计算基于出租率、每日平均房价和可出租客房平均收入的渗透指数。

饭店	房间数	应有市场份额	出租率	出租率渗透指数	每日平均房价	每日平均房价渗透指数	可出租客房平均收入	可出租客房平均收入渗透指数
A	205	11.5%	64%	79.6%	$159	121.6%	$101.76	106.6%
B	225	12.7%	68%	90.2%	$148	113.2%	$100.64	105.4%
C	400	22.5%	71%	86.2%	$136	104.0%	$96.56	101.2%
D	460	25.9%	77%	106.1%	$121	92.6%	$93.17	97.6%
E	485	27.3%	77%	110.1%	$119	91.0%	$91.63	96.0%
总计	1,775	100%	73%		$130.75		$95.45	

通过分析这个竞争对手组合中的可出租客房平均收入渗透指数，我们可以看到：A 饭店在可出租客房平均收入方面是市场的领导者。这家饭店是如何在竞争中取得领先地位的呢？是因为饭店的网站更好，还是销售经理更加努力，或是更好的床垫，抑或是更加贴心的对客服务？我们只能基于这个问题进行推测，但是收益经理却不能这么做。产品知识和市场情报非常重要，但是在探究这些之前，我们还是应该去深入挖掘这些"硬邦邦"的数据，来看看到底是什么驱动了可出租客房平均收入。上述数据向我们讲了这样一个故事：A 饭店的可出租客房平均收入渗透指数高是因为它获得了最高的每日平均房价渗透指数，这正好抵消了它的出租率渗透指数在整个竞争组合中最低所带来的影响。如何控制房价和出租率这两个重要的变量，应该基于对所有可能性进行战略分析后得出结果。饭店 A 选择了在得到充分市场认可的情况下提高每日平均房价，最终出租率为 64%，这也使饭店 A 足以在这个竞争组合中处于可出租客房平均收入的领先地位。

我们再看看饭店 E 的表现：这家饭店选择了提高出租率而不是每日平均房价。就此方面这家饭店也是相当成功的，因为它拿到了整个月份中总间夜的 28.8%。由于这家饭店在整个竞争组合中控制了 27.3% 的房间供给（最高的），使得饭店 E 可以轻而易举地运用它自身在市场中的影响力来获得在竞争组合中的优势地位。

降价以获得现金流往往要比凭借产品质量涨价来获取现金流要容易得多。尽管在可出租客房平均收入指数排行中 96% 的数字并不值得称道，但是要填满一家 485 间房的饭店（饭店 E）却要比填满一家 225 间房的饭店（饭店 B）更具挑战性。饭店的规模与定位同样是会影响每家饭店市场渗透指数结果的因素。

在月末，示例的竞争组合中最小的一家饭店取得了最高的可出租客房平均收入渗透指数，从而说明了它是这个月中最能把握商机的饭店。衡量市场表现中的市场渗透指数是竞争力的一把重要标尺。收益经理需要使用这些标尺来量化战略决策的效果。这些关键指标的计算以及了解驱动它们的因素是收益经理们做出战略决策的基础。

使用市场情报

许多公司都在提供一个国家和地区的宏观市场信息服务。这些公司同样会监控市场趋势并发布预测。这方面最著名的公司有史密斯旅游研究公司，普华永道会计师事务所（PricewaterhouseCoopers，PwC），鹏歌富达国际会计师事务所（Pannell Kerr Forster，PKF）和浩华国际会计师事务所（Horwath Consulting）。这些公司的宏观市场报告和其他出版物对于服务国内和国际客户的饭店来说相当有用。还有一些饭店房地产公司也会发布一些含有有用信息的市场报告，这些信息不止局限于行业地产方面。华盛国际（Hotel Valuation Services, HVS）和高力国际（Colliers International）就是这方面的代表。

还有一些公司在销售微观市场信息。如果需要准确的数据，在北美洲的饭店行业中史密斯旅游研究公司、鹏歌富达国际会计师事务所和 TravelCLICK 都是这方面最专业的公司。这些公司运用一些重要的指标来提供每天的、每周的以及月度的市场表现数据报告。客户可以得到整个市场数据的报告和基于单个饭店的报告。每家饭店也可以要求定制包含自己竞争对手组合数据的报告[②]。

报告中有相当丰富的数据：如每年的、每 28 天周期的、每 3 个月周期和 12 个月周期的数据并可以将里面的数据按每天进行分割显示；包括了本饭店和竞争对手饭店的数据指标，涵盖本章讨论过的大多数数据指标。每日平均房价指标也可以按照主要的细分市场来提供，散客市场、团队合同市场和其他。收入信息也可以包含"其他的收入"，如被选定的竞争对手饭店的除客房收入以外的收入。

每个分销渠道的预测和销售信息也是可以提供的。每个市场情报提供商都有值得称道的某一方面的竞争力，一个产品或者服务。饭店的经理们应该慎重地选择信息源来得到最有用的信息，毕竟在做购买决定时常常会受到预算的限制。购买饭店涉及的相关市场信息至关重要。收益经理应能确定饭店的市场情报需求并选择供应商来最好地满足自己的需要。市场情报是做出一个慎重的决定非常关键的一方面。为了得到正确的数据所付出的金钱是物有所值的。

市场情报会提供数据甚至是一些解读。但是还需仰仗收益经理来分析、解读和呈现，以做出最明智的决定和选择。收益经理需要和其他经理一起来完成数据和实际情况的收集工作，通过筛选、解读和参考借鉴来得到明智的决策[②]。

指标的挑战

所有的衡量方法、公式、计算和分析都面临一些挑战。最富争议的一个问题就是收益管理系统的应用会给饭店带来确定的业绩的改善。对于任何改进，这样的质疑都是合理的，如可出租客房平均收入渗透指数或者赢利能力的改进，是否可以得益于收益管理系统的应用。人们使用的参考标准和尺度是最先遭遇的挑战。

一家饭店在比较运用收益管理系统之前和之后的表现时，会提出如下问题：饭店能否判断出哪部分变化是由于应用了收益管理而哪部分变化是因为其他原因一定会发生的？例如，如果一个饭店同比出租率提高了5%，有谁能够判断出提高的原因吗？是因为收益管理的作用，或是培训的改善、装修和翻新、新的设施、重新设计的网站、新的促销活动抑或是其他原因？

如果一家饭店去和另外一家饭店来比较业绩表现，也会产生以下问题：饭店能否判断出有收益管理系统的饭店就一定比没有收益管理系统的饭店要表现得好吗？例如，饭店 X 和饭店 Y 互认对方为竞争对手。X 饭店运用了收益管理系统，而 Y 饭店则没有。在进行了业绩指标的比较之后，也会出现下列问题：比较出的不同是不是只是因为应用了收益管理还是因为服务质量的不同？或是管理层的能力？或是位置？或是房间大小？或是饭店的新旧？抑或是品牌的关系？

如果一家饭店用自己的业绩指标和市场平均值来进行比较，则会引出下列问题 我们能判断出哪部分的变化是因为一家饭店运用了收益管理的结果，同时哪部分的变化是源于能够影响整个市场的季节性或者周期性的波动的结果而完全超出了管理层的控制呢？例如，如果一家饭店算出可出租客房平均收入同比上一财务周期市场均值下降了7%，而竞争对手的下降值为10%，那么是否就很容易得出下降得最少的那家饭店就是市场领导者这样的结论呢？这仅仅是因为收益管理战略和战术的运用吗？我们应如何回答？如果我们认为或者猜测答案是否定的，那这家饭店和市场的可出租客房平均收入平均值差距有多少是因为收益管理战略和战术的应用所导致的而不是其他因素呢?

收益管理可以对赢利产生积极影响已经得到了越来越多的认同。然而,想要准确地量化、测量、跟踪、衡量系统性收益管理解决方案的回报却非常困难。

这些问题给收益管理系统的供应商提出了同样的问题。这些公司有时会承诺收入最低增长 × 个百分点或者声称比上一年会有一个收入 × 个百分点的增长。而其他的一些公司会说它们的产品可以带来巨大的、可估量的、量化的收益同时提供内部收益率(IRR)、投资回报率(ROI)和投资回收(Payback)方面的分析。这些宣传事实上有可能是真的。然而,基于刚刚讨论的如何衡量的问题,供货商和潜在的使用者应该在最开始就使用那些指标达成共识,以确保今后能够判断供货商的产品是否能够实践他们的承诺。准确地衡量指标可以帮助我们避免误会和争端,也能够佐证系统性收益管理系统应用后所带来的改观。

尾注:

① 史密斯旅游研究公司 (Smith Travel Research) 在 www.str.com 网站中提供了 STR 全球报告。那里有各种特定市场的报告(如 STAR 就是一个很好的例子),同时它们还有另一个网站 www.hotelnewsnow.com,这个网站提供行业的新闻、趋势信息、行业透视、报告,以及博客,值得信赖。另外一个优秀的公司就是 TravelCLICK 公司,网站地址是 www.travelclick.net,它们也提供一些产品,如《饭店情报报告》(Hotelligence)和《价格监测报告》(RateVIEW)。华盛国际(HVS)也可以提供基于数据集合外加相关文章和档案的市场报告。

② 罗伯特·克劳斯 (Robert Cross) 论述了信息的演化,由数据开始(独立的事实);下一步变为信息(数据的解释);下一步变成知识(信息的累积);最终变为智慧(知识最优化带来的最佳决策)。参见罗伯特·克劳斯《收益管理:赤裸裸的市场占领策略》(1997年,纽约,百老汇出版社)。

参考文献：

1. Banker, Rajiv D., Gordon Potter, and Dhinu Srinivasan. 2005. "Association of Nonfinancial Performance Measures with the Financial Performance of a Lodging Chain." Cornell Hotel and Restaurant Administration Quarterly 46 (4): 394–412.

2. Ingold, Anthony, Una McMahon-Beattie, and Ian Yeoman, eds. 2000. Yield Management: Strategies for the Service Industries. 2d ed. London: Thomson Learning.

3. Kasavana, Michael L., and Richard M. Brooks. 2005. Managing Front Office Operations. 7th ed. Lansing, Mich.: American Hotel & Lodging Educational Institute.

第 3 章

概　要

预测

预测需求

预测可卖房

价格管理战术

价格体系

战术性折扣

灵活定价

停留（时长）控制

最低停留天数要求

跨时段预订

到达前预订

容量管理

预防措施

拓展房源

替代分析

学习目标

1. 解释收益管理对预测和细节因素的依赖，以及预测的组成部分与收益管理的关系。

2. 确定并描述价格管理战术的各个组成部分。

3. 明确三种通过客人停留时长控制实现收益最大化的策略。

4. 定义容量管理在收益管理中的运用方法。

5. 描述并使用替代分析方法。

3

战术性收益管理

　　战略层面的收益管理往往关注长期的目标，如明确期望的目标市场、辨别或者制造出一些不同于其他竞争对手的要素。与之相对应的是：战术性的收益管理则关注运作层面。大多数饭店的管理者都在或多或少地运用这种战术性的收益管理。例如，大多数经理们都会去预测需求，应用多级价格体系，运用不同的方案来对比预订情况等。大多数收益经理在这个行业中都是从战术性的收益管理开始的。不幸的是，一些经理们却将战术性收益管理视作了收益管理的全部。事实上，战略性收益管理才能够提供更好的、可持续的收入。战术性收益管理应该支持战略性收益管理的决策和目标，而不是去破坏它。

　　战术指标和战略指标大相径庭。战术指标往往周期较短，通常从一天到一个季度。与战略指标不同，战术行动通常易于量化和控制。战术指标包括预测、价格管理、停留（时长）控制，容量管理和替代分析。

预　　测

　　预测是收益管理的基础之一。短期预测为战术性收益管理提供了至关重要的信息，而长期预测则是战略性收益管理的基础。预测可以帮助管理层更好地应对淡旺季的需求并制定出预期单位销量和收入的决策，这个信息是做出如何运用资源、安排员工排班和供应链管理等合理的运营决策的基础。预测也能够驱动重要的战术决策，如定价、团队容量配置，以及理想的空间配置等。

明确预算和预测之间的管理非常重要。一家饭店的预算是一份在预算周期内包含了合理的计划和预期的各种明细分类的收入和支出文件，预算的作用就是以文件的形式记录一家饭店如何制定它的财务目标，一份预算一旦被批准，往往不会被修改，除非有始料未及的事件发生从而不得不修改。预测是基于准备预测材料时所掌握的信息所做出的一个对未来的推测，这个最有根据的猜测可以帮助我们知道单位销量，以及这些销售带来的收入。预测并不稳定，在逐步掌握了相关的新数据之后应该定期对预测进行更新。如果更新后的预测显示既定的预算数字已不再合理，管理层则需要介入并决定采取什么行动。

一份年度的预测应该以季度为周期进行复核。一个 90 天周期的预测应该每月修订一次，一个 28 天周期的预测应该每周或者每两周进行修订，依饭店具体需要而定。这些市场需求会受到季节因素、饭店规模、目标市场的预订期提前和预订方式的影响，如果需要有 10 天的、7 天的或者 3 天的预测，则每天都应该进行更新。

一个长期的预测（覆盖 12 个甚至更多的月份）并不需要非常精确，周期越短，则预测应越精确。一个 30 天的或者一个 7 天的预测比一份年度预测所包含的不确定因素要少，即便是短期的预测也不是百分之百准确，但是可以接近准确。当越来越接近某个时段，越来越多的确定信息就会被掌握，如竞争对手信息、会议的参会情况、天气、年初到现在的业绩数据、预订节奏以及其他因素。

只关注客房收入的收益管理工作将依赖客房收入的预测，全面收益管理则需要包含会议设施和对其他收入的预测。

预测需求

一份长期的需求预测是预测未来方向和深入程度的基础框架和指南针。虽然短期预测要比长期需求预测更加具体和准确，但是这两份预测都是管理层所需要的。长期预测是基于饭店主要目标市场的历史数据和现有的重要经济指标来进行的（经济增长率、就业率、通货膨胀以及与可支配收入关联的指标）。长期预测则使用这些指标来预测未来的经济气候：明年的需求量会更强劲还是萎缩或者是与今年持平？如果预期会有变化，则预测出哪个细分市场会增长或者下降就是非常重要的，因为这些信息决定了饭店的对策。针对不同的市场需要不同的战术。

短期预测更加详细。它依据更多当前的和准确的数据来提供足够的信息以保证做出具体的行动：每日的货币兑换率、当前的旅游限制、配套产品的价格变动（机票价格、油价、通行费和其他费用）和替代产品（其他的饭店）、旅游者数据，以及最新市场趋势的量化影响等。短期需求预测可能不会影响战略方向，但是它可以佐证既定的战略并改善既定的战术。

短期预测可以明确客源需求的数量和名字（某大型会议已经有多少参会人数，哪个旅行社已经为一个贸易展览预订了多少人的组团旅游，哪个演出已经开幕并在下个月安排了多少场演出，哪个体育特许经销商正在运作下一轮的复赛，等等）。如果我们掌握了某个活动的历史数据，误差范围缩小同时截止日期已知，这些历史数据就可以帮助我们预测"清洗"和"溢出"因素了（在团队操作中，"清洗"因素指的是那些没有按照预订天数租用客房而提前退房的团队成员。"溢出"因素是指那些已经为团队预留的但是在与团队商定的截止日期前都没有卖出给团队成员的房间，在这之后这些房间就可以解除预留并出售给其他客人了）。

短期预测则更加细化。细化就是指预测信息可以细分成信息群，例如，按细分市场、价格，或者住宿时间长短分类。预测也可以按照预订渠道来细分（电话、网络或者全球分销系统）和按照预订方法来细分（直客销售、预订中心或者第三方）。

预订询问的分析可以帮助收益经理了解客源量的趋势变化、转化率，以及未订或者拒订的原因（在预订术语中，"未订"是指一个潜在的客人决定不预订了；"拒订"是指一个潜在客人因为饭店没有空房而无法预订）。例如，预订员可以记录所有的预订询问，而并不只是记录那些最终达成销售的预订。对于"未订"和"拒订"的分析可以针对价格阻力或者客人需求和希望等方面提供有用的信息，抓住的那部分需求总比未曾抓住的那部分更容易准确地跟踪。

限制性和非限制性需求　当一个饭店可以满足所有需求的时候我们称这个需求为"非限制性需求"。在淡季时非常典型。在非限制性需求的时间段中饭店往往不会为客人预订房间设置限制条件。然而，一旦需求水平上升并突破了饭店的接待能力，我们称这时的需求为"限制性需求"。只有一部分需求可以得到满足。在这种情况下，饭店可能会在销售客房时设置各种不同的条款和限制，客人必须同意才可以预订房间。最常用的限制条款是容量调配、价格门槛和住宿天数控制。

从收益管理的角度来说，当市场需求超出了饭店的接待能力，饭店就应该选择并抓住最赚钱的那部分。有趣的是，这常常不意味着接受那些房价最高的客人。房费只是一个客人提供的一部分收入。"所有花费"的概念是指要考虑所有的收入（房间、餐饮、会议等），并且不能只考虑客人一次的消费。而更加宽广的战略思维则应考虑一个客人或者单位客户生命周期的总价值而不是某一天中某个房价的价格。例如，如果一个饭店可以在某一天将一个房间卖给客人 A 比卖给客人 B 多 50 美元，那就应该理所应当地拒绝客人 B 吗？如果客人 B 是一位忠实的常客而且除房费外还有其他花费呢？一个在饭店一年住 3 次，每次都住几个晚上并且会在餐饮、停车、租用会议室和娱乐项目上都有花费的客人（提供了更高的总收入）比那些从未来过饭店的这次以高 50 美元预订了一个晚上的客人价值要高。拒绝这个高产出的客人而接受那个低产出的客人是一个错误。在实践中，这就意味着收益经理不应该简单地把每个营业日分隔来看并尽力最大化每日的总收入。收入最大化是一个长期的过程，某一天所做的决定会影响之后的很多天。这似乎违反常理，但是有时会出现这样的情况，按照收益管理的观念可能会在某一个晚上拒绝一个付更高价格的客人、公司客户或者一个活动，这样的决定往往更有利，因为这个生意会有损未来的生意。

换句话说，房价固然重要，但是它也不是绝对的决定因素。收益管理需要通过考虑所有有关的、可用的收入数据来最大化利润。收益经理可以改善整个饭店的赢利能力，而不只是房务部的收入。

预订进度 预订进度是需求预测的另一个重要指标。收益经理可以将当年的预订进度和前些年同期相比较，从历史数据开始非常重要，然而，注重现实的情况和使预订模式改变的因素同等重要。现在正在发生的重大改变就是所有的细分市场的预订提前期都在缩短。

我们来看一下下面这个预订进度的例子，这个例子显示了一家饭店在 20X1 年 7 月的实际团队订房量和 20X2 年截至 4 月的实际团队订房量，由此来预测 7 月的销售。

	总计团队订房量，按月累积						
	1 月	2 月	3 月	4 月	5 月	6 月	7 月
20X1	350	680	740	860	880	920	890
20X2	360	690	700	750			

预订进度显示 20X2 年的开局要强过上一个年度。基于 1 月份和 2 月份的数据，饭店正在按进度达到或者超过 20X1 年 7 月的销售量。在 3 月份和 4 月份，预订进度放缓并且留下了一个与去年同期相比 110 个间夜的差距，这一差距需要在 7 月之前得以弥补。收益经理需要针对这一形势做出反应，或者花更大的力气来挖掘团队市场，或者将一部分原先分配给团队的房间拿出来用于争取其他细分市场。

为了正确理解这些数据，收益经理必须要知道每个不同细分市场的预订提前量不同。活动（节日活动、体育巡回赛、大型会议等）和一次度假旅行相比需要更多的计划和准备；团队和个人旅行相比需要更多的提前量；长途旅行和短途旅行相比需要更多的提前量。预订部经理需要熟知自己目标客源的预订习惯。

对于一些细分市场而言，生活方式以及旅游习惯的变化正在缩短这些市场的预订提前量并出现了越来越多的最后一刻预订①。在美国，假期的平均长度正在缩短，这些缩短的假期也变得比以前越来越平常。随手可得的旅游信息加上在线支付手段满足了这些顾客的需求。顾客们也意识到了收益管理经常用到的打折销售的手段。航空公司、邮轮公司、租车公司、度假村和饭店会推出一些特别优惠以把自己的存货销售给这些选择灵活的最后预订者，而越来越多的顾客已经开始利用这些优惠了。

认真地监控预订进度能够帮助收益经理避免大打折扣的"甩货"行为。团队预订进度是未来市场需求趋势的一个早期参考指标，这是因为团队市场有更长的预订提前量。如果预订进度出现问题则应适时地进行早期介入。

预测可卖房

对于未来的可卖房预测开始于实际的可以出售的房间数量。这个数字依据不同的、影响当天可卖房数量的因素来调整。从总房间数开始，我们要减去之前已经有客人登记入住并且住过今晚的房间（过夜房）、一些维修房、预计有客人到店的房间、预计的无预订散客可能占用的房间，和客人本来今天要退房但是又延住了的房间（延住房）。饭店无法知道一天当中会有多少无预订散客会来，也无法预先知道哪个客人或者多少客人会延住。但是饭店可以借助历史数据来做有依据的估计，以便去辅助计划。在减去了这些要素之后，还需要在预测数上面加上预计的取消预订数量、预计的预订未到数量和预计的提前退房数量（提前退房）。当然，这些准确的数据也是无法提前得知的，但是也可以通过历史数据进行按比例的合理估计。

日历上的日期是挖掘历史数据的一个很好的开始，但是一周中的星期几也同样重要。例如，我们可能按照去年 7 月 8 日的数据作为今年 7 月 8 日的预测数据，但是如果去年的 7 月 8 日是一个星期四但是今年是星期五，则这样的同天比较可能就无用了，尤其是在一个平日和周末的出租率差距较大的饭店。在这个例子中，可能挑选 7 月的第二个星期四的数据来做比较会更加合适。

收益经理需要预测多长时间的客房出租率呢？比较常见的预测周期是 3 日、5 日、1 周、10 日、月度、季度和年度。每个收益经理会基于饭店的市场和饭店类型来选择最适合的预测系统。

价格管理战术

许多人认为价格管理是收益管理的核心。对收益管理持有过分简单观点的经理们经常错误地认为价格控制就是收益管理本身。收益管理涵盖的范围远远超过价格控制，尽管如此，每间夜的价格仍是关键的问题，有着战略和战术的重要意义。

　　价格的战略观点有着深远的意义，其主要目标是通过在特定竞争对手组合中成功的价格定位和维持、增长市场份额来实现的。为了保持平衡，对于价格管理的战术观点聚焦短期的运营问题，思考同期当日和同期当周的价格管理问题，其主要目标是现金流的产生和收益的增长。

　　一家饭店价格管理战术应当与价格战略观点保持一致，价格战略和战术的不连贯性造成诸多麻烦。例如，一家自己定位为价格不菲、服务品质一流的高端饭店（战略定位），为了市场的一点点波动就大打折扣，提供高额奖励（买二送一和双倍积分之类），这些战术措施将严重影响饭店战略定位的一致性。这样的偏离战略目标也将使得保持高端形象和价格变得非常困难。

　　战略价格水平和市场定位是专注努力和辛苦工作的结果，但是也很容易向错误的战术选择妥协。我们经常看到四钻全服务饭店突然之间与三钻有限服务饭店正面交锋。如果在市场下滑中出现现金短缺，高端饭店可能会选择价格竞争，以同等价格提供更高的价值。这种无奈的做法可能会造成成本比从其他饭店抢来的收入还要高。品牌稀释和产品贬值是有代价的。收益经理在选择一个从未涉足的细分市场之前应该三思，如果市场恢复，这个市场可能不再是其目标。打折并没有被证明是成功地提高可出租客房平均收入的手段。战略和战术一致的重要意义比经理们愿意承认的要高得多。

　　收益经理需要知道的是：客户更喜欢清楚知道在价格水平、便利和服务质量方面特定的品牌和服务提供商能够给他们什么。在这些方面的一致性对客户非常重要。那些从不偏离自己的定位，从不任由价格上下波动，每个季节保持同样目标市场的饭店会得到回报，获得稳定的收入和更多的忠诚客户。

　　价格的战术管理需要一个多层次的价格体系。什么是价格体系，什么不是呢？假如饭店不同房型的定价不同，这反映了某种选择而不能称之为价格体系。房间的大小、位置、景观等可以而且应该体现在价格上（物理价格障碍）。相比之下，一个多层次的价格体系意味着同样的房间可以以不同的价格出售。

有些饭店可以采用非常简单的定价原则，例如，一家位于主干道公路边上孤零零的汽车旅馆只能接待那些不预订而且从不住第二晚的旅行客人，从每晚的第一间房到满房之前的最后一间房，可能它只有一个价格。店主可能永远不需要也不想实行收益管理。另外，大多数饭店身在竞争激烈的饱和市场中，它们选择了复杂的房间定价方法，以反映季节性差异和顾客来源不同的事实。

价格体系

价格体系，只要饭店认为合理，可以复杂也可以很简单。A 饭店可能为同样的房间提供 9 种价格，而 B 饭店提供 16 种，C 饭店提供 39 种。有些收益经理甚至提供 40 种以上的价格，让人大跌眼镜。有人可能会怀疑难道饭店真需要额外关注 39 种明显不同的客人群体吗？

158 美元和 155 美元之间有实际意义的区别吗？谁能够在 150 ~ 160 美元的区间内，对 3 美元差价的客人的购买习惯做出分析？如果这个差别能决定销售的成败，收益经理当然要认真思考。一个对不同的报价有定义的可以管理的体系更为合理。价格的不同应该反映的是购买行为、顾客需求、购买力以及基于客人感知的价值感受。

门市价　门市价是饭店在无限制需求基础上收取的最高价格，也被称为无预订散客价、最优价和挂牌价。这个价格是潜在顾客询问"今晚还有房吗"的时候得到的第一个报价。大多数行政机构要求饭店在醒目位置展示每个房型的门市价。研究表明，80% 以上的客人宣称他们试图沟通一个较低的价格，而不是饭店报什么价格就住什么价格[2]。同样的研究发现潜在客人经常试图不加价就获得所有的礼遇和附加利益。门市价是供多数客人讨价还价用的。饭店执行门市价的机会要看供给与需求的变化。需求过剩时期饭店议价地位较高，可以守住门市价。

被称为房价获得因素（Rate Achievement Factor，RAF）的数据衡量了饭店执行门市价的有效性。房价有效性的计算是用某房型的实际平均房价与该房型的门市价进行比较得到的。例如，如果一种房型门市价 120 美元，平均房价 84 美元，那么房价获得因素等于 84 除以 120，为 70%。房价获得因素表明在某一时期门市价打折的程度，时刻提醒我们生活在比价购物、价格透明、消息灵通和拼死杀价的时代。

门市价起源于饭店前台确实摆放着价格标牌的时代。如今，还摆着价格标牌的饭店已经很难见到了。饭店计算机管理系统价格实惠、使用方便，即便是小饭店也能买来用。饭店计算机管理系统为饭店的不同价格分配了价格代码，最高的价格是门市价；其他所有价格都低一些，表明因为某种原因打折了。

公司价和公司特价　商务饭店为预订许多间夜的潜在客人提供高额的折扣作为激励。而休闲旅行者将税后可支配收入用于旅行，比商务客人对价格更敏感，经常面对特价也缺乏购买力。公司旅行者对价格比较不敏感的原因很多，但是作为大量购买者他们议价能力强。公司客人在某一地区开展大量的商务活动，可以通过谈判获得优惠待遇。

基于间夜量多少的公司价可以有很多。如果一家公司每年订房达到足够的间夜，可以获得公司折扣，饭店一般会给出基本的公司价。如果数量相当可观，可以获得更大折扣，饭店一般会提供特惠公司价。在饭店附近拥有生产车间、总部、培训设施或者是某个主要部门的企业可以在几年内保证提供大量的，至少是稳定的需求，这样就可以谈公司特价了，如 IBM 价和福特价。

还有协约房形式的特殊公司协议。航空公司每晚需要 12 间客房就是很好的例子。航空公司的职员会更换，按照需要办理入住和离店手续。饭店按照协议向航空公司开出发票。被分配的房间会一直保留，协议规定了固定的房费和结算周期。

公司价的谈判可以在企业层面进行，也可以在（连锁）集团层面进行。

协议中可以约定每年的间夜量。从管理者的角度看，有些细节很重要：谁有资格享受公司价？只有公司职员吗？还是包括生意伙伴？是否有指定的人员或者办公室协调预订事宜？提供什么房型？是否需要价格的季节调整？是否在假日和需求大的覆盖全市的大型活动期间价格依然相同？是否有关闭房间的日子？是否规定有最低提前预订时间？

另一个可能发生的问题是谁有优先权？假如一位预订经理决定下周留给公司客人的房间可以卖到门市价，他这样做的原因是更高的房价意味着更高的收益。对于收益经理来说真正的问题是：哪种业务给饭店更高的利润？享受公司价的客人有客史可以分析，他们可能房价较低，但是在饭店其他收入中心的消费高于普通散客。即使他们不是这样，还有其他问题要考虑。收益经理应该知道公司客户每年的间夜量和带来的收入，与赶走这些公司客人相比，接待门市价客人可能只带来了微小的收入增长。从全局考虑，答案就很清楚了。赶走公司客人可能会危及公司客户，损失长期重要收入满足短期收入增长不符合商业原则。短期目标和长期目标需要保持一致。短视思维将对长期经营的饭店业造成危害。

请注意，有时饭店会以低于公司价的最后一刻限时折扣价格销售给公众。公司客人发现了以后会反对，提出他们如果坚持到最后一刻就可以支付更低的价格。他们会感到自己对饭店忠诚得到的不是奖励而是虐待。假如没有表现出一定忠诚度的普通旅游者都可以得到更低的价格，他们还会质疑签署公司协议折扣的必要性。从另一角度看，饭店感到需要一定的灵活性，以便在某些日子关闭约定的房间，个别时候还可以不执行公司协议价。他们质疑在需求过剩时收取远低于平均房价的公司价是否合理，有些饭店这时能够以最高的价格把房间卖光。这些考虑使得越来越多的饭店和集团开始按照最佳价格（Best Available Rate，BAR）的百分比折扣来制定公司价，而不是采用固定的价格。采用灵活价格管理的企业（后面的章节将会讨论）通过价格管理战术的灵活操作，既不得罪忠诚的公司客户，又能从这种观点中受益。

团队价格 重视团队业务是战略性决定。无论对于团队业务的战略观点如何，战术策略要求针对这一细分市场的特点选择一致的价格。团队预订经常是由销售部来处理的，部门的员工和经理应对这些客户很专业。为了成功获得收益最大化，收益经理和市场营销总监需要每天协调并建立密切的工作关系。

一次性销售多个间夜和一次只能销售一个间夜相比占用的资源和产生的费用少了很多，从销售的角度看其每张订单产生的收益也更高。

团队价格的制定涉及一些变量，包括季节、需要的间夜数量（基于团队大小和停留天数）、其他收入（餐饮、多功能厅租用、音视频设备、高尔夫和水疗等），还有团队的历史资料。

团队市场的二级细分市场有：公司会议、展会、协会、奖励旅游团队、休闲旅游团队和 SMERF 团队（社会团体、军事机构、教育机构、宗教团体以及兄弟会的简称），还有临时拼凑的团队（如朋友圈的单身派对和校友聚会，不是每年发生，也没有再次光顾的计划）和系列团队（如 4 ~ 10 月每周二来，住两晚的海外游客巴士旅游团）。

团队协议决定房间价格和用餐等安排。收益经理需要考虑每个收入来源的利润。一些团队客户为获得较低的房价讨价还价寸步不让，但是在接受额外费用的问题上（如行李管理）比较灵活，另外一些客户可以接受较高的房价，但是努力争取价格包含早餐、饮料券、交通等服务。

促销价 有些机构能够很大程度影响价格，它们包括汽车协会（如美国汽车协会 AAA 和加拿大汽车协会 CAA），代表退休人员的组织（如美国退休人员协会 AARP）和打折券发行公司（如娱乐打折券一本通公司，Entertainment Coupon Book），这些机构为它们的会员争取折扣，通常的做法是将门市价的百分比作为折扣。饭店一般会将一年内出租率最高的日子排除在外，在这些日子中饭店有权向这些机构的会员收取满价。

政府价 市、州、省和联邦政府雇用上万员工，他们的商务旅行需要安排住宿，对于一些饭店这是很可观的收入。热衷于这个市场的饭店必须采纳政府为每个财政年度制定的固定房价。谈判是没有必要的，因为政府会针对每个市场和预算周期发布其每日出差津贴标准限额。请注意房价和出差标准因为生活费用不同而存在地区差异。

特殊活动价格 在北美，会务公司负责会议管理很常见。专业的会务公司在住宿产业和相关协议的复杂性问题上经验丰富，知识渊博。特殊活动价格根据季节和活动规模以及总体收入影响上下浮动。

一家会务公司以房价作为某一活动协议的核心进行谈判，对其他收入来源（多功能厅出租、餐饮外卖、酒水采购等）造成重要影响。收益经理需要考虑这一活动总收入的影响，同时清楚理解不同收入来源的利润率情况。费用不同，同样的总收入可能意味着不同的利润。

员工价 大多数饭店对于本品牌或本集团员工因公或因私旅行住宿收取折扣价格。房价和公司政策各不相同，员工和所谓的朋友和亲属价格总是在有房的前提下提供。

免费房 为客户、潜在客户和不满意的客户提供免费房被认为是业务费用。为了平息客人不满，可以现场提供免费房，有时提供未来的免费住宿可能更加现实。

促销推广活动有时需要用住宿交换公关宣传。有些品牌使用免费房作为对员工的奖励。有些饭店以产品捐赠方式提供免费房支持慈善事业和活动。

饭店会在员工连班工作，或遇天气紧急情况员工回家不安全的前提下，为员工提供免费房。

底价和最佳价格 我们习惯上称饭店在某一特定日期或星期愿意提供的最低价格为底价，因为受不同市场条件影响，具体价格比较灵活。由于市场变化和某一财务周期对现金流的要求，同一个星期的周一和周五底价可能不同。

作为行业的术语，底价正在被最佳价格所取代，术语是新的，而实际上意思是一样的。事实上，这两个术语在今天经常被交替使用，但是言外之意有所不同。严格地讲，底价比较固定，因为饭店根据自己掌握的信息、定价策略、市场地位确定底价，而不是站在顾客的角度。饭店可以定出最低的价格，并坚持不变。近些年来随着顾客获取信息能力的大幅提高，行业在定价问题上所持的观点有了偏移，底价逐渐被最佳价格取而代之。饭店相信这个价格能够提供有吸引力的价值主张，带来足够的业务量。与底价不同的是，灵活的市场条件变化允许饭店快速、简便地调整最佳价格。在实际应用中，最佳价格是在饭店被逼重新考虑之前最好的价格。

饭店底价也会受停留时长影响。这一策略的目的是向住宿时间较长的客人提供奖励以期提高收入。简单的原则就是客人住宿时间越长，每晚平均的底价越低。最佳价格为一晚 140 美元，如果客人住宿两晚，平均最佳价格可以降至 129 美元，三晚可以降至 115 美元。这些价格选择要在预订时告知客人。接受这样报价的客人以较低的价格为饭店贡献了更高的收入。不幸的是，多数客人旅行时长不灵活，旅行的安排在客人开始预订住宿之前往往已经确定了；客人旅行安排的不灵活性使得这种战术手段无法有效发挥作用。

战术性折扣

在战术层面打折的目的是力求在短期内带来收入。饭店相信价格下调可以为潜在客人提供价格激励，从而在当天或者本周内进行预订；结果是饭店出租率维持不变甚至有所提高。但是，必须认识到的是以较低的价格销售更多的房间不一定能带来收入的增长。以低价获得的出租率是未知的变量。

安兹、卡妮娜和罗马诺三人从 2001 年到 2003 年分析了 6,000 家饭店打折促销的数据③。他们的主要发现是：饭店通过打折促销，在自己设定的竞争对手组合中获得了市场份额的增长，但代价是降低的收入表现。饭店选择了比竞争对手平均多降价2%，结果是比竞争对手的可出租房每日平均收入更低。对于高端饭店和经济型饭店的客户来说，价格敏感度（价格弹性）都不强。2003 年，卡妮娜和卡维尔对 22 个美国大城市的 480 个饭店进行分析，分析涉及这些饭店 1989 年至 2000 年的数据；分析结果是：房价每降低 10%，需求增长只有 1.3%④。至今为止，证据表明房价打折不能增加赢利水平。

研究证明公司市场比休闲市场受房价折扣影响小得多，上述发现与此一致。⑤

总体来说，好像战术折扣促销的方式可以得到一些东西，可以填满空置的房间，可以从竞争对手那里抢来市场份额。它主要吸引容易被折扣打动的、感觉划算的休闲旅游者，还可以得到那些对品牌不敏感而对价格很敏感的客人。但是，这些是通过减少收入和稀释可出租房每日平均收入获得的，薄利多销的影响往往是负面的。

"最后一刻打折"带来了另外一种引人注目的不幸趋势。假如最后一刻限时抢购价格在第三方或是饭店自己的网站上提供的话，越来越多的有预订的客人会提前一两天致电取消预订。

他们取消旧的预订，再以新的价格做一个预订。很显然，即使客人已经做了预订，他们中很大的一部分仍不断找寻更合算的价格。当处处留意的客人发现更低价格并重新预订，提供最后一刻限时抢购价格的饭店可能会看到已经有的预订利润的降低，这种收入的"渗漏"造成了客房收入被稀释。

尽管经常有负面影响，打折的策略还是被经常使用，销售卖不出去的库存。当每周、三日或者当日预测需求相当不理想的时候，收益经理最终会认为唯一提高出租率的方法就是降低房价。基于需求的灵活价格（下一部分将讨论）得到应用，目的是测算什么样的价格市场可以接受。

　　既然打折促销缺点那么多，我们有理由怀疑为什么收益经理还是要用这种手段。答案可能很复杂，低出租率总是被当作销售绩效不佳的表现。低出租率降低了饭店到期支付固定成本的能力，所以业主倾向于保证支付成本从而进行某种干预。经理们最容易控制的因素就是房价，所以被当作第一个选择，尽管打折促销应该是他们最后的选择。不打折就能创造价值，从而开发令人信服的价值定位是很困难的事情。设计包价促销，定义更清晰的差异化服务、更好的网站、改进产品（服务）、更好的床垫、更好的莲蓬头、更好的礼遇、更好的早餐等，都需要做更多的工作，更有创新，想要有效果就需要加倍努力。饭店业主可能会给收益经理施加压力争取短期结果，通过打折保持或提高出租率可以暂时安慰业主，让他们少来给经理们捣乱。

　　另一个观点是虽然客房收入可能会下降，但提高的出租率，可能会使饭店的其他收入中心产生更多的收入。出租率的提高可以帮助饭店保持一定的员工数量从而保证员工士气和服务质量。窃取市场份额也要考虑，但是这个目的会带来棘手的问题。饭店是否能够留住偷来的客户？答案可能是不能。那些到处杀价买便宜货的人是哪里的东西最便宜就去哪里，没人能确保自己下次不受竞争对手更低价格的影响。尽管这次战斗打赢了，但用这种武器是不可能打赢整场战争的。任何价格都有可能被更加无助的人再打折扣。

　　有时候，打折的原因完全错了。经历了"9·11"事件，纽约市场需求大幅减少。随着2003年春天"非典"爆发，多伦多的市场降到了最低。在这两种情形下，需求的急剧下降和房价水平没有任何关系。旅游者因为不同的原因不去这些地方，显然价格高不是原因。饭店管理人员怎么可能期待大打折扣能解决从一开始就和房价根本没有关系的问题呢？假如旅行者因为安全、健康等原因不去某个地方，低价能否说服他们不考虑这些因素呢？答案很显然。尽管如此，打折还是在这两座城市蔓延，饭店市场花了几年的时间才得以恢复。

在日常运营层面，饭店采取价格管理的战术方法，而不是战略方法。但是战术不应该忽略较大规模的战略[⑥]。为了避免说一套做一套搅乱市场，战略和战术应该一致。不幸的是，许多经理们运用与战略相冲突的战术。当我们看到一贯标榜服务质量是其市场定位的战略选择的品牌饭店开始在日常运营中通过打折向客人提供价值时，显然战略与战术就不一致了。用折扣吸引关注会破坏一个服务品质为特色的品牌饭店的战略选择，这一选择是需要艰苦努力才能获得的市场定位，值得珍惜。顾客是不应该被迷惑的，关键是品牌。如果一家饭店选择用价格或者价值驱动，战术要一贯支持这样的战略。

所有这些并不意味着折扣根本不能使用。考虑采用战术折扣的经理们需要理解这样做的复杂性和危险性。

灵活定价

灵活定价的意思是如果实时市场信息显示有调整的需要，饭店应该每天，甚至在一天之内多次更改房价。认识到"顾客愿意而且能够支付的房价才是正确的房价"是灵活定价的基础。定价低了，收益经理等于把钱丢在了桌上；定价高了，饭店是自己把自己挤出了市场。那些使用灵活定价的人相信饭店为了回应供需条件的不断变化，必须持续不断地调整价格。当然，试图在某一天或者某个下午确定最佳价格一直都是挑战。

执行灵活定价的一个流行的定价原则被称为需求基础定价。在需求低迷的时期，提供较低的价格；当需求增长，较低的价格类别被关闭，只提供更高的价格。需求基础定价作为一个原则不是新事物，之所以今天到处都在使用源于高速的网络连接、宽带和光速的数据处理。收益经理们可以把握市场的脉搏，因为很多的信息都可以实时获取。房价的调整可以在鼠标一点中实现，更新的价格可以在众多分销渠道中轻而易举地发布出来。

一个简单的例子可以显示灵活定价即需求基础定价和静态定价的区别。

假如在某一天, 300 间客房的艾斯托利亚饭店卖出了 250 间客房, 情况 A 是: 饭店有两级价格体系——90 美元的团队价和 130 美元的散客价; 情况 B 是: 饭店有多层价格体系——需求低时的 90 美元, 随着出租率升高, 陆续提供 110 美元、130 美元和 150 美元的价格。两种情形下, 饭店销售相同数量的房间, 销售明细如下:

情况 A 价格	90 美元团队价	130 美元散客价	合计
销量	150	100	250
收入	13,500 美元	13,000 美元	26,500 美元

情况 B 价格	90 美元	110 美元	130 美元	150 美元	合计
销量	80	60	60	50	250
收入	7,200 美元	6,600 美元	7,800 美元	7,500 美元	29,100 美元

对比情况 A 和情况 B 将注意到情况 B 收入多出 2,600 美元, 平均房价增长 10.4 美元, 可出租房平均收入增长 8.67 美元。情况 B 中, 收益经理在出售了 80 间房以后关闭了 90 美元的价格, 以 110 美元的价格又销售了 60 间房以后, 这个价格也被关闭, 以 130 美元的价格再销售 60 间。这时已经销售出 200 间房, 最后 50 间预订价格为 150 美元。这个方法增加了客房收入, 平均房价和可出租房平均收入增长了 9.8%, 并没有多销售 1 间房。

灵活定价既可以上调价格也可以下调价格。假如收益经理预计当日出租率为 75%, 但是一开始只看到 65% 的账面预订, 价格是 160 美元的最优价格。他不确定缺少的 10% 能否通过上门客和当日预订客人来实现。下午早些时候, 在销售价格不变的条件下没有新的需求显现。下午两点钟, 他决定干预, 将最优价格降低至 139 美元, 电话开始不停地响。到下午六点钟, 饭店接到了足够的当日预订, 有望达到 80% 的出租率。他到竞争对手那里转了一圈, 发现他们有些房型已经告罄。这时他决定改变策略, 下午六点一刻, 他关闭了折扣价，开始以 170 美元的上门客价格销售。这就是现实中的灵活定价。

怎样才算得上足够灵活呢？没有简单的答案。上述例子提出了很多问题。一开始预测的出租率，即使没有采用灵活定价，保持最初的 160 美元最优价格，能否仍然得以实现？饭店是否会遭遇价格抵触，或者是招来已经用高价订了房间的客人的憎恨。

价格频繁变动经常会收到赞成和反对的意见。收益经理会平衡价格的一致性和完整性，防止价格反复无常可能带来的收入增长。还有个问题是"谁说了算"？收益经理是应该强调一致性，还是应该随大溜，让已知的市场规律决定价格水平？饭店的服务质量、地点、品牌和设施是否随着一个下午市场需求的变化突然变得更值钱或者更廉价？

只依靠关注出租率一种主要变量的狭隘观点来进行价格控制是危险的。假如出租率超过了 80%，饭店做出了关闭政府价格的决定，但是最终饭店并没有满房，这样的决定可能值得怀疑。假如政府相关的大活动在本区内举办，饭店拒绝接受政府价格，饭店收益最大化也不能实现。如果需求主要来自这个特定的细分市场，提供政府价格的竞争对手可以抓住你丢掉的业务。重点是选择关闭价格时要慎重。在执行价格控制之前，还是要超越需求因素，审视其市场活力。

饭店是否要进行价格竞争？这是一个战略决策。如果收益经理慎重决定要将价格作为竞争武器，灵活价格管理可以成为争夺价格敏感客人的最有效工具。

拓展阅读

行业透视：灵活定价

作者：比尔·温泽尔，万豪国际定价和分析部副总裁

灵活定价是使饭店业绩最优化的有效方法。其关键是理解饭店预期

（续）

的需求、市场总体需求和当地竞争对手组合的需求总和。

当你的饭店或者竞争对手的饭店出现影响需求的事件时（如团队预订和糟糕天气等），收益负责人需要判断其影响以及任何定价和价格限制是否需要调整。

必须要认真了解竞争对手的定价和业务组合。如果竞争对手提高了标准价格，你要了解多少订单是按照这个价格销售的，因为竞争对手提高价格不一定是正确的。你应该清楚主要竞争对手的定价变化，完全了解本饭店的市场定位，做出适当的价格调整。

例如，一家200间客房的饭店预计连续3天出租率为90%，饭店销售部刚刚预订了一个公司团队，餐饮消费高，超过这个时间段一般团队目标价格和其他贡献。饭店突然从不紧张的90%的预计出租率上升到了120%。基于这个预订，收益经理按照细分市场回顾了预计散客需求，决定采取什么样的停留时长的限制和提高标准价格是否适当。在这样高需求的日子里，应当强势推销高级客房。定价和停留时长限制的目的是提高整个1周的收入和利润，而不是只考虑在这3天销售完所有房间。

停留（时长）控制

有一个收益最大化的策略是通过管理产品可用性，从所有询价中选择收益最高的预订。假设停留越长收益也越高，运用停留控制（或称时长控制）意味着饭店有条件地为客人提供客房，而不是先来先得。不能满足预订条件的预订将遭到拒绝，即使还有空房。

最低停留天数要求

最低停留天数要求是停留控制条件之一。在需求过剩的时期，收益经理可以限制只向那些同意最低停留天数的客人提供房间。假如持续多日的大型活动吸引那些停留多个晚上的客人，接待了停留时间短的预订可能会使得晚些时候预订较长时间的客人订不上房间。例如，纽约城市马拉松比赛一般是在秋季的一个周末举办，吸引成千上万的人。多数当地饭店根据这一活动对城市住宿产业的历来影响，要求最低两晚的预订条件。同样，度假饭店在旺季销售一周的打包价格，对较短时长的预订不感兴趣。基于停留方式的预期，这一策略的目的是接受产生高收益的预订以达到收入最大化。

这一策略可能的弱点是具有较高终身价值的客人可能会被拒绝。饭店员工应小心应对这类客人，超越系统的停留限制。记录和跟踪被拒绝的订单可能是个好主意，能够确保这一策略不被滥用或者对产量产生负面影响。假如数据显示最低停留要求带来了收益损失的负面结果，应该采取改正措施。

跨时段预订

有时候预测中有空闲时段。空闲时段是指某一天的出租率很低而前后几天的出租率都不低。跨时段策略旨在通过促销增加在空闲时段之前的入住订单，从而提高出租率。如果成功的话，这个策略可以从增加的预订天数和填补空闲时段中得到额外的收益。

不幸的是，潜在客户的旅行计划可能并不需要额外预订几天。旅行计划经常开始于交通预订，特别是机票预订。一旦航班安排确定了，多数客人是不大可能一时兴起改变航班的，不管饭店提供了多么好的奖励。这种情况使得预订员很难使用跨时段预订策略。

到达前预订

收益经理如果认为接受某一天到达的预订对饭店不利，可能选择关闭这一天的到达预订。这样做以后，关闭的那一天的到达预订就不能做了。关闭某一天的原因可能是一个或几个有特殊安保安排的贵宾(经常包括政治人物、著名摇滚乐队、职业体育团队等)；也可能是因为装修、大清扫、地面或者饭店部分区域整修的需要；还可能只是员工配备和业务流量的问题。如果那一天既是高出租率又是高业务流量(前一晚入住的多数客人离店，或者多数的占房客人是当天到达)，饭店有排班困难，可能在某一时刻会决定有问题的那一天不再接受预订。假如一家350间客房的玫瑰饭店在5月15日预计有335间房的客人离店，来店的客人需要340间房(40间散客，300间会议客人)。所有会议客人按照日程安排将要参加6个不同的研讨会，每间房要按照不同的研讨会要求摆放不同的欢迎材料。客人将要从世界各地单独来店。因为饭店相信应对335间离店和到店的会议客人将使饭店资源极度紧张，销售剩下的10间客房与已经获得的收入相比不值一提，所以决定当天不再接待其他的客人入住。做出这样的决定之后，所有系统将显示同样的限制，没有预订员可以推翻来店控制措施。玫瑰饭店关闭了5月15日的来店预订。

这种策略应该小心使用，采取该策略的风险很高。高收入的预订(长住客人与满价客人)，或者重要的终身忠诚客人可能会被拒绝，只是因为他们选择了"错误的"来店日期。按照收益管理的思维方式我们建议玫瑰饭店在上述情形下找到更好的方法处理运营面临的挑战(例如给客房部和前台接待额外的资源)。继续接受预订，甚至超预订，转走低风险、低收入的客人，保留饭店最重要的收入来源的预订。收益经理需要在有众多选择时有所取舍。关闭某一天来店的预订，是发生特殊情况时的合理反应，但为了收益最大化，不能说是最佳选择。

容量管理

　　容量管理是收益管理的基本策略。其目的在于使任意一个晚上客房的出租率最大化，从而实现收入最大化。当某些晚上可能出现满房的情况时，多数饭店会听天由命地超预订。"超预订"的意思是在某一天饭店已经没有空房可卖的情况下还在接受预订（如400间客房的饭店接受405间客房的预订）。决定采取这一策略之前，饭店应该审查一下这样做的合法性，在某些司法体系中，超预订是违法的。有些饭店原则上从不选择这种策略，这样做值得尊重。但是，在大多数城市商业区市场中接待散客的饭店有效利用超预订，也很成功。

　　这种雄心勃勃的做法的理论依据是每家饭店事实上都在应对预订取消、预订不到和提前离店。饭店经常有更多的可出租客房用来接受预订，因为这些预订中的一部分根本不会来。而且，这部分不来的预订数量根据历史趋势数据是可以合理预计的。如果一家饭店的记录显示有2%的预订客人不会来，1%的客人取消预订，2%的客人本来应该过了那一天结账离店，但是却提前结账离店了，那么这家饭店就可以相对安全地测算出结果。

　　但是请注意，也有一些数据显示可用房数量降低了，如延期退房和待修房。延期退房是指那些预计某日离店的客人决定停留更长时间。

　　这些因素的总体效果有时被称为冲刷要素，饭店"冲刷"掉数据中误导性的部分，结果是经理可以在某一天测算出超预订多少间房是安全的。预测的准确性是问题的关键。熟练运用这一战术的饭店在出租率高的日子里可以避免由于提前离店、预订未到和取消造成的收入损失，从而达到收益最大化。

　　但是，使用这一战术不是没有风险。总有某些时候事情不尽如人意。有时候没有人取消，所有预订都来了，也没人提前离店，管理层就要应对这样的结果。这样的晚上，前台房子卖完了，要把拿着确认的预订客人转走；当这样的事情发生时，前台的员工要向客人解释饭店无法兑现预订，行业术语称之为"转走客人"。饭店帮助客人找好住宿的地方是标准的做法。在北美，饭店经常会为转走的客人埋单，但是这种做法在其他市场不能被想当然地采用。当地的习惯、供给动态会有很大不同。

其实，收益经理必须决定是冒哪一个风险：收益损失还是超预订。容量管理战术的运用结果可能会令前厅员工深处微妙境地。幸运的是，存在一些已经被证明的手段帮助管理者处理这种情境。

当需要转走客人的时候，前厅员工应该在附近预订相当质量和数量的客房。经理绝不能将客人转到低一级的饭店去。接待的饭店应该在服务水平和分类等级上与本饭店相当或者更高，避免客人不便，减少进一步激怒客人的可能。饭店通常会在晚间安排经验不丰富的员工上班，但是在有转走客人的晚上，经验不丰富的员工不能独立当班。经理们不希望看到饭店因为错误的原因成为新闻。转走客人出现问题引起客人不满可能会引发严重的公关损失。有经验的主管或者前厅副理应该一直待到所有转走客人得到照顾再下班。转走客人是熟能生巧的技能，客人面对被转走情况的反应不可预见。

有时候我们会听到不满意的客人因为被转走而起诉饭店。肯定曾有过这种诉讼，但是还没有起诉饭店转走客人成功的案例。诉讼结果是要求饭店要有处理转走客人的政策，任何情况下不允许从中获利。许多饭店在确认信中加入了超预订情况下的措施条款，这么做是为了让客人了解这种可能性是有的。诉讼当事人最容易马失前蹄的是：他们没能预见违约（预订）的后果，特别是当他们本来应该帮客人找到住处要并支付费用却没有这么做的时候。

预防措施

经理们必须在关键日期防止客人延住。聪明的做法是标出离店计划不明的客人，得到他们具体离店时间的承诺。前台员工需要在客人到店、办理入住时与其沟通并确认离店日期并在登记卡上标明，特别是在超预订的当日，白纸黑字没坏处。

有些客人可能在入住时真的不知道住几天。另一些人可能会忘了告知前台行程变更。当出现超预订时，前厅经理要跟踪在店客人，清晰告知客人饭店可以留他们住几天。

如果客人计划在超预订当天延住，需要格外小心。客人是否有权比到店时确认的离店日期多住一晚呢？当然有。这种事情一直在发生。那么客人这样做是否不需要饭店的同意呢？当然不是。协议双方（无论书面还是口头约定）都应该接受修订。价格和离店日期在饭店和客人之间订立的简单协议中是关键部分。饭店经理合理拒绝客人延住是绝对站得住脚的。向客人解释情况并提供选择对解决问题通常有帮助。

再次强调，管理层必须做出选择：是处理打算延住客人的不满，还是应对那些拿着预订单但是要被转走的客人。针对这种情形真的要三思。如果有唯一的收益管理规则，我们可以简单地理解为陌生客人的生意不能威胁熟客的生意。收益管理的思维提出客户较高的终身价值非常重要，不能冒着失去这一类客户的风险去接待那些陌生的、可能再也不会来的客人。本着这样的想法，决策可以具体问题具体分析。

如果客人必须被转走，哪些客人应被转走的问题必须解决。挑选的过程首先从确认哪些是任何情况下饭店都不希望将其转走的客人开始。这些人中有重要贵宾、行政楼层常客、蜜月客人、特殊需求客人，多晚停留客人和其他不适合转走的客人。被转走的客人经常（但不是所有）是晚来的客人。鉴于来店时间较晚，单身女性客人和商务客人往往不适合。对于公司协议客人，不能只看一次入住做出决定，整个公司客户可能因为转走了错误的客人而面临风险。只住一晚的、没有客史资料的休闲客人可能是潜在的对象，如果可以同时获得别的地方的免费住房，他们对饭店的道歉不会太在意。

拓展房源

收益经理、前厅部经理、行政管家们必须合作去预见饭店房间短缺的日子。如果合作有效的话，饭店可以找到足够多的可用房，大幅度降低转走客人的数量。这样可以产生很大的不同。

拓展阅读

出售沙发

这是一个真实的故事，客人没有被转到别的饭店且得到了不同寻常的住宿体验。事情发生在布达佩斯邻近主要火车站的比克饭店。B 先生是比克饭店的常客，他是某个小公司的采购员，对这所大城市不熟悉。他每月来一两次，总是住一晚，从不挑剔，给什么房间住都行。几年下来，他得到了常客的待遇，不再提前预订。他直接来，接受任何房间，从不挑毛病。

那天饭店严重超预订，B 先生走了进来，平静地问今晚住在哪个房间。听说一间房都没有了，他吓坏了。事实摆在面前，他建议饭店给他在大堂安静的角落找个扶手椅忍一宿，反正第二天一早他有 6:15 的火车要赶。

这提醒了真心为这位忠实客人得不到房间感到难过的前台员工，他知道在客房楼层顶层的小小电梯厅里有一个长沙发；他让 B 先生在午夜以后、万籁俱寂的时候再来饭店。当 B 先生到来时，客房部已在沙发上铺好床，B 先生很高兴地接受了。

第二天一早，早起的客人紧张地报告有人占据了顶层电梯厅的沙发，除此之外，一切顺利。B 先生支付了加床的费用，留下通常的小费后离

（续）

开了。当前厅经理来询问昨晚是否满房的时候，晚班员工告诉他："经理，我们的出租率创纪录了，昨晚居然把顶楼电梯厅的沙发卖出去了。"

经验丰富的饭店经理知道如果仔细寻找是能够找到额外房间的。第一步是与饭店管理系统核对在退房期间客房人工检查的客房日报表。饭店前厅和客房部对于同一房间的状态的记录经常不一致。如果饭店管理系统显示某间房是有客房，而客房部的报告显示房间没有行李和任何住宿迹象，则要调查清楚差异的原因。

在满房时应该考虑待修房的问题。待修原因（如果有的话）很重要，它决定待修状态是否可以修改。有些客房暂停服务是为了计划维护工作或者是彻底清洁。另外一些房间报待修的原因可能是因为一些小缺陷。如果一间待修客房被退回库存，可以分配给新来的客人，也许要合理提供折扣，但不用转走客人。客房部和工程部的员工最了解房间情况，所以前台员工要和他们密切合作。为了避免转走客人，有时翘边的壁纸、撕破的浴帘和较大的地毯污渍可以被暂时遮挡，或者提供折扣并告知客人。

多功能厅　有些饭店有小型会议室或者行政会议室可以暂时用来安排只住一晚的客人。如果这些会议室有卫生间，可以摆放推拉床，或者滚动式折叠床，有些客人为了得到折扣价或者免费早餐券等其他奖励，是愿意接受暂住一晚的。多数地方健康和安全规定要求每个临时房间要有独立的卫生间、电视机、电话和独立上锁的门。

客厅　如果饭店套房有连通门分开客厅和卧室，而且各自有通向走廊的门，房间里都有电视、电话、邻近的卫生间，就可以单独出售。客人到店时可以自愿得到特殊折扣。这样的房间也需要推拉沙发、墨菲隐形床，或者滚动式折叠床。

升级入住　如果某种房型卖完了，升级入住是很有用的战术。饭店缺少客人一开始预订的无烟双人床房间，而将客人升级到小套间，可以使客人满意。如果 3 间单间的预订客人是 3 个同时来入住的同事，脑筋灵活的前台服务员可以向客人提供 1 间多个卧室的套间进行升级，换取单独的标准间；为客人提供 1 瓶好酒可以使交易顺利进行，这样饭店收回了 3 间客房。

替代分析

对于城市商务市场中的饭店而言，团队收入对于客房收入来说举足轻重。管理层必须针对每个特定时段，为团队市场确定可用房数量和价格。确定目标市场的市场组合是基于饭店战略的。这些考虑当然是要随淡旺季变化的。饭店可能在平季和淡季更加激烈地追求团队市场，旺季则倾向于接待散客。饭店的历史资料提供了来自不同细分市场客人停留和预订方式的有效信息。

对于依赖团队市场实现其收益目标的饭店来说，谁是最重要的合作伙伴？名单包括了旅游运营商、旅行社、会展和游客管理局、全球预订系统、会务公司和各种协会组织。有些时候，饭店需要它的合作伙伴填补空缺，或者在需求低迷的时候提高出租率。另外一些时候则正好相反，在高需求时，是团

拓展阅读

行业透视：超预订

作者：朱利安·达瑞斯，香格里拉饭店和度假村

对超预订的感受每个人都不同，我曾有过会或者说是不幸的经历去应对不满的客人，帮助压力下的员工。这时总是夜班经理的不眠夜，总

（续）

是盼望早上 5 点尽快到来。

　　我的第一次超预订经历是在加拿大最大的一家拥有 1,590 间客房的多伦多三角洲切尔西饭店发生的。切尔西饭店是一家市中心的四星级饭店，大堂宽敞、充满活力，经常在某一天有 800 间离店，900 间入住。我在前台接待积攒了足够经验后，被委派为晚班容量主管。这意味着我要帮助我的同事分配房间，经常要决定是否给客人升级或者降级。对待这样的情况就像玩拼图游戏：把正确的客人安排到正确的房间，完美搭配。

　　记得 2002 年 9 月的一天，我们差了 30 间房。我们有客厅房间（不包括在 1,590 间房间内），除了是推拉床以外，它和其他客房没有区别，可以用于增加标准间库存。获得了前厅部经理的同意后，我开始选择我认为会接受这些客房的客人：单身旅行者、住一晚的客人、20 多岁的年轻人。我用低价销售了 10 间房，客人省了钱，客房部还是按照正常标准准备客房，客人除了标准的床以外，可以享受所有房间的便利。我们进一步清理了 5 个可能的预订，然后又处理了 10 个提前登记的预订，这样可以在超预订的情况下填满房间，既能卖给别的客人，也可以给原订的客人预先登记。晚上 7 点前，我们只差 5 间房了；天亮前，房间正好销售一空，5 间预订客人未到。

　　在伦敦朗豪饭店工作期间，我不得不把客人转到其他饭店，这时我尽量不去碰那些高收益的回头客。有时候，我们接待大型团队，因为他们在希斯罗机场转机遇到问题，或者突如其来的暴风雨使火车延误，乘客们回不了家，或者原订的饭店某些地方出现技术故障。

　　对超预订原因要额外小心。当年我的同事宣称饭店遇到了严重"洪水"，将要被转走的客人提出看看洪水的要求。很幸运，有一位客人睡着了，浴缸和房间都被水淹了。我避免使用"预订超了"和"没房了"的说法，

（续）

这容易进一步令客人沮丧，所以我倾向于使用"我们接待不了"，这样说好像比较好接受。

伦敦很适合做短暂停留，和区域内的值班经理和夜班经理们建立行业合作伙伴关系，让大家知道你在满房之夜有多么"水深火热"，有助于为未来积累良好的关系。事实上，假如饭店接近满房时，我会通知一些我的竞争对手让他们知道如果需要，我这里还剩了几间房；往往在他们满房时会接受我的帮助。

另外请记住，竞争对手转给你的客人的房价非常有可能是将来他收取你的房价，所以要公平。

知道哪些饭店有多少间客房对于夜班经理来说很重要，因为在天亮之前，他们是你最后可以利用的资源。这些信息应该是预订经理、收益经理、前厅经理和晚班值班经理们要收集的。至少他们要在下班去酒吧之前收集到。

容量管理最终是团队工作，因为需要不同部门和区域的同行参与，保证客人开心，饭店才会获得收益。

队急需找到住的地方。供求关系倾向于随着经济周期（繁荣与衰退）和季节（旺季到平季到淡季）变化而波动。收益经理和销售总监逐渐体会到主要团队客户关系的重要意义，团队生意是不容忽视的。如果整体需求疲软，饭店想从团队收入上受益，则在整体需求旺盛时也要接受团队业务。

饭店有时候会放弃那些愿意而且有能力支付更高房价的散客，放出库存给价格较低的团队。这种决定是否与收入最大化的战略一致呢？在正确的情况下，替代分析可以确定不同选择的量化利益。

替代分析不总是适合。如果一家饭店有未出售的库存，而且可靠的预测表明销售出去这些客房的可能性很小，那么饭店乐意接受任何预订。这种情形下，为团队预订做替代分析是不明智的。在疲软的市场，饭店乐意接受团队预订，也不需要做替代分析。但是，当需求旺盛，收益经理将会给所有预订评级，在潜在客人中做出选择。如果接受一个团队预订会带来拒绝其他业务（散客或者其他团队）那么应该做好替代分析。在这种情况下，替代分析是一个有用且有效的工具，帮助饭店决定该接受哪个预订。

饭店可以使用以电子数据表为基础的系统来计算变量，这种计算的最大诱惑是立刻可以做出是或否的回答，但是分析的数字结果不应该作为决策的唯一依据。虽然收益管理是数字驱动的工作程序，但是永远不要堕落成为金额的游戏。数字应和其他相关因素一起解读驱动才是制定最佳收益策略的选择。

为什么管理层可能选择价格低的客人，却还要做数据分析？下面的因素要考虑：

- 需要同时考虑其他收益源（餐饮、多功能厅等）来计算总体收益影响；
- 团队客户的终身商业价值是很重要的变量；
- 饭店管理层要清楚不同情况下不同的利润率，以便有效制定预算；
- 市场份额、收益组合和其他战略目标可能起到一定的影响。

替代分析有四个步骤：计算净房价差额；计算餐饮净收益差额；确定其他收入；汇总。替代分析能比较不同情况下净收益差额。

为了计算净房价收入，需要明确变动成本，并将其从房价中减去。某些时候，预订佣金（每个预订的房费收入的百分比或者固定金额）也要被减去。其他费用可能包括了用于市场营销的房费收入的百分比和在品牌加盟协议约束下的加盟费用。有些协议约定了中央预订系统和集团呼叫中心收取的订单佣金。假设一下：

散客房价	150 美元
变动成本	18 美元

8% 的品牌加盟费 150 × 8%   12 美元

可能的中央预订系统费用   6 美元

在这种情况下，净房价为：$150-$（18+12+6）=$114

为了计算净房价收入差额，下列变量需要明确：

- 团队用房量；
- 团队房价；
- 团队房费收入；
- 团队房费净收入；
- 放弃的散客间夜量；
- 放弃的散客价格；
- 放弃的房费收入；
- 放弃的房费净收入；
- 团队房费净收入和放弃的散客房费净收入的差额。

团队房费净收入和放弃的散客房费净收入的差额就是净房费收入差异。我们来看个例子：

温莎饭店有 400 间房，3 月份平均散客房价为 142 美元，变动成本为 17 美元。温莎饭店的加盟商收取 4% 的加盟费和 3% 的市场营销费用，合并计算在房费收入上。当地大学商科专业学生校友会计划了一次聚会。这个团队需要每晚 65 美元的单人间，三餐（早餐 10 美元，午餐 24 美元，晚餐 32 美元），3 月 6 ~ 8 日三天活动期间的其他服务如下：

日期	房间数	早餐	午餐	晚餐	会议室
3 月 6 日	85 间	85 份	0 份	85 份	—
3 月 7 日	80 间	80 份	0 份	0 份	300 美元
3 月 8 日	70 间	70 份	40 份	0 份	300 美元
合计	235 间	235 份	40 份	85 份	600 美元

校友会组织者相信 70% 的团队客人会每天购买一份饮料。温莎饭店的收益经理在确认或者拒绝预订要求之前要做替代分析。

那么几天的预计出租情况如下：

3月6日	3月7日	3月8日
365 间	360 间	310 间

请注意，温莎饭店只有在放弃部分预计的散客需求的前提下才可以接待这个团队。如果 3 月 6 日接待了 85 间，只有 315 间可以用来接待散客，比预计的少了 50 间。3 月 7 日比预计的少了 40 间。

初步比较发现，散客房变动成本为 $17+($142 × 7%)=$26.94，团队房变动成本为 $17+($65 × 7%)=$21.55。

饭店的额外消费率，即散客用餐的百分比可能性，和其他 3 月份散客每餐相关数据为：

餐	价格	成本率	成本 *	净收入	客人额外消费率
早	12 美元	30%	3.60 美元	8.40 美元	70%
中	28 美元	34%	9.52 美元	18.48 美元	20%
晚	40 美元	32%	12.80 美元	27.20 美元	40%

* 原材料成本

按照相同食品成本计算，团队用餐折扣价为：早餐 10 美元，午餐 24 美元，晚餐 32 美元。

团餐	早	中	晚
价格	10.00 美元	24.00 美元	32.00 美元
食品成本	3.60 美元	9.52 美元	12.80 美元

饮料成本和价格对于团队和散客相同。温莎饭店散客饮料的额外消费率为 40%，平均饮料价格为 6.00 美元，平均成本率为 29%，饮料的变动成本为 1.74 美元。

饭店可以计算如下房费净收入差额：

团队用房量：	235	
团队房价：	$65	
团队房费收入：	$15,275	235 × $65
团队房费成本：	$21.55	$17+$65 × 7%
团队净房费收入／间：	$43.45	$65−$21.55
团队净房费收入合计：	$10,210.75	235 × $43.45

放弃的散客房量：	90	
放弃的房费：	$142	
放弃的房费收入：	$12,780	90 × $142
散客房间成本：	$26.94	$17+$142 × 7%
放弃的房费净收入／间：	$115.06	$142−$26.94
放弃的房费净收入合计：	$10,355.40	90 × $115.06

房费收入分析表明接受团队预订的结果是净房费收入减少 144.65 美元。

我们用同样的方法，单独计算每个收入来源，计算餐饮收入差额。记住：饮料成本和价格对于温莎饭店的团队客人和散客是一样的。

平均饮料利润：	$4.26	
团队间夜量：	235	
团队饮料额外消费率：	70%	
团队饮料利润合计：	$700.77	$4.26 × 235 × 70%

放弃的散客间夜量：   90

散客平均额外消费率：   40%

放弃的饮料利润合计： $153.36 $4.26×90×40%

接受团队的结果是饮料利润增长，$700.77-$153.36。

再来看看食品收入：

团队早餐：   235

团队早餐价格： $10

早餐成本： $3.60

团队早餐利润： $6.40

团队早餐贡献： $1,504.00   235×$6.40

团队午餐：   40

团队午餐价格： $24

午餐成本： $9.52

团队午餐利润： $14.48

团队午餐贡献： $579.20   40×$14.48

团队晚餐：   85

团队晚餐价格： $32.00

晚餐成本： $12.80

团队晚餐利润： $19.20

团队晚餐贡献： $1,632.20   85×19.20

团队食品贡献合计： $3,715.20 $1,504+$579.20+1,632

放弃的散客间夜：   90

散客早餐价格:	$12.00	
早餐成本:	$3.60	
散客早餐利润:	$8.40	
散客早餐额外消费率:	70%	
放弃的散客早餐贡献:	$529.20	90 × 70% × $8.40

散客午餐价格:	$28	
午餐成本:	$9.52	
散客午餐利润:	$18.48	
散客午餐额外消费率:	20%	
放弃的散客午餐贡献:	$332.64	90 × 20% × $18.48

散客晚餐价格:	$40.00	
晚餐成本:	$12.80	
散客晚餐利润:	$27.20	
散客晚餐额外消费率:	40%	
放弃的散客晚餐贡献合计:	$979.20	90 × 40% × $27.20
放弃的散客食品贡献:	$1,841.04	$529.20+$332.64+$979.20

接受团队的结果是三餐食品贡献增长$3,715.20-$1,841.04=$1,874.16。

餐饮净收入差额为$1,874.16+$547.41=$2,421.51。

第三步是确定其他收入。在这个例子中，团队需要租赁会议室两天，产生其他收入合计600美元。

最后一步我们总结一下，结果显示:

净房价差额:	-$144.65
饮料贡献差额:	$547.41

食品贡献差额： $1,874.16

其他收入贡献： $600

接待团队收入增长： $2,876.92

接待团队的净收入增长 2,876.92 美元，净房价收入降低，净食品收入、饮料收入和其他收入都增长。

这个替代分析显示接待团队将在那几天里增加饭店的利润，但这是以放弃一些散客业务为代价的。饭店管理层通过上面的分析可能会选择接受团队的预订，或者因为市场情况和饭店战略目标的因素，考虑其他潜在的选项。例如，饭店是否可以说服团队接受其他的日期，饭店不必放弃散客的业务。这个替代分析的结果不能做出简单的回答，但是它给管理团队提供关键信息用来做出合情合理的决定。

替代分析的计算通过在数据表格模板上设置公式，可以实现自动化。这个工具可以加快决策过程，使得以不同价格比较不同预订变得更加容易。

尾注：

①亚萨维奇（Yesawich），派珀代恩（Pepperdine），布朗（Brown），卢梭（Russel）《国家旅行观察 2003》论文，展示在 2005 年 11 月纽约 ICHRIE 会议上。

②亚萨维奇等。

③凯西·A. 安兹（Cathy A. Enz），琳达·卡妮娜（Linda Canina），马克·罗马诺（Mark Lomanno），《为什么打折没有效果：竞争对手中的高出租率低收入动态研究》，发表于《康奈尔大学住宿业研究中心报告》2004 年第 4 期，第 7 篇。

④琳达·卡妮娜（Linda Canina）和斯蒂文·卡维尔（Steven Carvell），《主要都市市场城市饭店的住宿需求》，《住宿业研究中心报告》第 3 期第 3 篇（2003 年）。

⑤亚萨维奇等。

⑥琳达·卡妮娜（Linda Canina）和凯西·A. 安兹（Cathy A.Enz），《2001-2005 美国饭店收益管理》，《住宿业研究中心报告》第 6 期第 8 篇（2006）。

参考文献：

1. Canina, Linda, and Cathy A. Enz, "Why Discounting Still Doesn't Work: A Hotel Pricing Update," CHR Reports 6, No. 2 (2006).

2. Enz, Cathy A. "Hotel Pricing in a Networked World." Cornell Hotel and Restaurant Administration Quarterly 44, No. 1 (2003).

3. Enz, Cathy A., and Linda Canina. "An Examination of Revenue Management in Relation to Hotels' Pricing Strategies." CHR Reports 5, No. 6 (2005).

第 4 章

概　要

需求创造
差异化
收益管理的营销战略
市场细分方法

市场目标

市场定位

促销推广

客户关系管理（CRM）

营销组合管理
战略定价
价格竞争

统一售价
收入流管理
战略捆绑销售
产品组合开发过程

产品组合销售的目的

产品组合及市场细分

产品组合及收入流管理

产品分销渠道管理
语音渠道

全球分销系统

互联网渠道

学习目标

1. 阐述差异化战略在需求创造中所起的作用以及广泛使用的差异化战略。
2. 辨认和阐述战略性收益管理实践中起重要作用的营销理念。
3. 概述战略定价决策中的决定性因素。
4. 阐述收入流管理的本质及其重要性。
5. 解释设计产品打包促销组合的本质、流程及目的。
6. 辨认和阐述不同的分销方法和渠道，并解释分销渠道管理对饭店成功至关重要的原因。

4

战略性收益管理

很多收益经理能熟练地运用收益战术，在短期内提高收益产出。这样做，管理者偶尔能获得短暂成功，但是为了以持续而有效的方式实现长期收益最大化，收益经理应将其眼光投向长期的战略规划，而非仅仅局限在短期的战术措施上。事实已经证明，只有在制定了战略目标的前提条件下，战术措施才能得以有效实施。就所取得的实际效果而言，仅仅运用收益管理战术的饭店难以获得持续性成功；而在这方面，运用战术措施以实现其清晰战略目标的饭店则更胜一筹。从本质上来看，饭店是进行长期投资的领域，所以饭店有能力将收益管理的运用提升到战略手段的高度，从而为取得具有可持续性的成功打下基础。

通过收益管理的战略战术，收益经理能运用行之有效的营销措施帮助管理层创造需求。该战略方法将定价置于更广阔的目标市场上，而不再为了获得更高的收益而一味进行盲目的价格竞争。战略收益经理的研究课题包括：饭店全部收入流的整体管理，战略产品组合和分销渠道管理。

这些研究课题尽管复杂但是令人兴奋，因为它在战略层面上保证了真正意义上的商业成功。如果收益经理能够了解并充分运用战略收益管理，他就能够处理市场发展带来的任何挑战。如果能运用该战略作为管理导向，好的收益经理能够在任何情况下找到最佳的解决方案。

需求创造

需求创造的目标是在任何供求环境中创造最大收益。为此，战略性收益管理应该对现有的需求进行管理从而增加新的需求。收益经理通过运用需求创造战略，采取积极主动的措施，以期实现收益最大化。

供需关系的动因主要是由市场各方力量推动而产生的。同理，饭店自身是市场积极的参与者，所以它能影响市场需求。收益经理在选择细分市场并使其转化为饭店的客人方面起着重要的作用。饭店的潜在客人面对着市场上多种具备可比性的产品，为了能够获得这些客人，必须进行产品开发并实施精准的产品定位。

一方面，具有雄心壮志的饭店希望发出独具特色的最强音，并且希望这个声音能够冲破市场噪声传达给目标客人。顾客受到广告以及各种各样营销手段的轰炸，这种市场噪声大而且持续不断。另一方面，饭店的营销预算即使在好的年份也是相当有限的，同时，无论该饭店是否属于品牌饭店，营销经理的措施必须同饭店的价值主张保持一致，所以营销诉求的核心，即使非常具有创造性，也必须拥有适销对路的产品，而适销对路的一个重要方式是差异化。

差异化

饭店所能提供的区别于其竞争对手的差异化产品，除了体现在房价上外，还有更重要的方面，从以下两个成功的品牌饭店的做法中可以略见一斑。这两家饭店都在北美 20 世纪 60 年代早期开始营业。其中一家 La Quinta 饭店，它首先提出了"有限服务"的理念，即只提供饭店住宿服务，不提供餐厅服务，以满足价格敏感型的商务客人的需要。其手法之一是把电话放在桌上而非床边，这有助于满足打业务电话的客人的实际需求；另外一家饭店是四季饭店，它是北美第一家提供礼宾服务、过夜擦鞋服务、24 小时送餐服务，并提供浴袍、洗发水的饭店，以上服务和商品均以高价向客人提供。这两个品牌都因其产品的差异化获得了成功，并且多年来一直维持着市场弄潮儿的地位。

饭店差异化管理成功的关键在于其着眼点是否落实在客人身上。差异化特征一方面要区别于同类产品，因为客人是基于产品实效性来评估产品差异化特征的。例如，一家全包型度假村饭店把差异化管理落实在提供免费传真及复印服务就毫无实用价值，因为其差异化产品对休闲度假客人来说毫无用处。另一方面，某些饭店为参加忠诚计划的会员客人提供"下午三点后若不能办理快速入住就免单"的服务，珍惜时间的商务客人就非常重视这一差异化产品的特征。

运用最为广泛的差异化战略是建立在其独特性、服务水平、地理位置以及品牌隶属关系等基础之上的。

独特的功能 如果饭店能成功地开发某种独特功能，那么，该功能就可以开发成差异化的产品，管理者就应努力围绕这一功能来进行营销。有些饭店以其独特的地理位置、建筑被视为独一无二，例如由古建筑改建的具有历史意义的饭店（城堡、宫殿、寺院，以及庄园等），水下饭店、冰雪饭店，以及各种各样的主题饭店，包括埃及的金字塔饭店、威尼斯潟湖饭店和摇滚乐饭店等。

如果饭店的建筑本身并非独一无二，同样可以开发其独具特色的设施。例如，某饭店可能拥有市镇中最大的水滑梯，或荒漠中唯一的溜冰场。这家饭店也可能是唯一一家位于具有极佳视野的棒球馆内部的饭店；或者它拥有著名的音乐舞蹈喷泉、最好的运动场、最快和最智能的电梯设备——以上所有的设施都可能成为该饭店的卖点。几年前，喜达屋饭店就通过对饭店最重要的设施进行升级获得了差异化的成功。这家拥有多品牌的饭店集团通过委托第三方对客人睡眠情况进行调查后发现，很多客人在饭店的睡眠质量并不乐观。于是，他们着手营销方案。喜达屋集团首先在威斯汀饭店品牌中推广了"天梦之床"项目，该项目包括顶级质量的床垫，以及升级后的床上用品。这一成功的差异化措施引出了喜达屋集团其他品牌类似的方案，如喜来登品牌的"甜梦之床"。

对一些非常著名的地标饭店而言，其所属品牌反倒成了它的副标题。例如，由希尔顿饭店管理的纽约华尔道夫饭店和由费尔蒙集团管理的伦敦萨瓦饭店就属此类。通过多年经营，成功建立的地标饭店的标志就能使市场上其他品牌黯然失色，这同样是差异化的最好的资源，同时这也是其他饭店难以企及的。

诸如地理位置以及建筑结构这样的差异化特征是难以通过后天努力取得的。然而一旦建立，它将在以后很长时间成为保持其产品竞争优势的资源。任何拥有此类独特功能的饭店，都可以凭借这类独特功能享受高端价格和市场认知，在价值主张方面构建其强势地位，有助于生成和维持顾客消费需要。

服务水平 卓越的服务水平也可以成为差异化因素。例如，有些连锁饭店已经建立了卓越服务的文化。然而，其面临的挑战也是巨大的。其服务方针必须考虑从雇佣关系的人力资源管理到供应链管理的各个层面。其中，这些挑战的解决办法之一是设置较高的员工与客人的人数比。因为服务内容事无巨细，例如，所选棉制品的纱织数、笔搁置在便签纸上的角度、客房所设定的温度，以及接听客人电话允许的铃声数量。另外，必须保证每天为饭店每间客房提供稳定的服务质量，只有这样才能被称为给客人提供了个性化的体贴服务。管理者鼓励雇员在追求完美服务的过程中绝不妥协，无论是一顿饭、鲜花摆放，还是客人最后一刻订票方面的要求。

与服务相关的差异化并非一定具有资源密集的特征。即使宠物友好型饭店提供了专门的菜单和宠物送餐服务，也不需要大量的投资，而对其细分市场而言，该项差异化管理意义重大。

现在出现了介于全服务和有限服务之间的服务方式，人们称其为选择性服务。一些商务客人不需要传统全方位服务饭店，但其所需服务又超出了有限服务范畴，对于饭店来说，这样的商务客人是其差异化的目标市场。选择性服务项目通过高端的技术设施、精心的食物和饮料选择为客人展示其服务价值，从而满足该客户群体的需要。提供选择性服务的品牌饭店包括福朋喜来登、快捷假日、喜达屋旗下的源宿和雅乐轩，这些饭店在很多情况下借助了它们的母舰品牌的光环。较低的投资需求有助于其品牌进入低端品牌市场，并成为对此感兴趣的加盟商的实用选择。在全服务饭店不具经济可行性的小型市场上，提供精简食物及饮料的选择性服务饭店就可能成为不二之选。

位置　优越的或独一无二的地理位置能成为饭店在提供市场差异化中具有很高价值的因素，该因素成为了后来者进入市场的障碍。例如航站楼内部的机场饭店、最接近主要景点的饭店（节庆场所、博物馆、主题公园）、拥有最佳海景的度假饭店、滑雪胜地山坡上的饭店，如果其他条件相同，它们所产生的收益比处在不太有利的位置的竞争对手更高。

现在很多饭店通过多年运营已经了解，判断饭店地理位置是否优越的因素可能会随着时间的推移发生变化。很多曾经公认的优越的地理位置，随着时间的推移，因种种原因，可能变得不再重要。例如，某饭店建于其所在城市核心地带的火车站附近，如果火车站重新选址，它就会失去相当多的业务。另外，位于火车站附近的饭店也会在人们开始把汽车作为主要交通工具时失去其业务。建于城镇乡村公路附近的美国饭店也有同样的经历。建于 20 世纪 50 年代的美国洲际公路系统，其重要性很快超越了乡村公路，导致建于这些乡村公路附近的饭店的客流量大幅下降。正如业界在新奥尔良所见证的那样，拥有优美海岸风景的饭店可能会因为飓风而导致其地理优越性受到严重损害，以娱乐和餐饮而闻名的城市可能在发生灾难性洪水以后，失去"游客喜爱"的目的地的市场地位。以上案例或许能够告诉大家这样的道理：即使饭店曾经拥有优越的地理位置，其优势完全可能会在未来不复存在。

因其所处的优越地理位置，饭店自身也可能成为景点。例如，在迪拜海下建成的饭店以及位于希腊圣托里尼岛屿古火山悬崖绝壁上的饭店；建于加拿大湖泊上，只能通过水上飞机造访的饭店；在马尔代夫的私人小珊瑚岛上的饭店；位于巴黎心脏地带，距离风景名胜只有几步之遥的饭店；以及坐落于纽约市时报广场的饭店。这些优越地理位置构成的竞争壁垒如此之高，众多的竞争对手只能望洋兴叹。

品牌归属 品牌可以帮助饭店获得区别于其竞争对手的产品差异性，因为成功的品牌具有竞争优势。很多品牌饭店在优越的定价和高效的中央预订系统方面超过了非品牌饭店。品牌饭店在促销和高效管理的分销系统上同样存在优势。随着住宿业竞争越来越强，成功的品牌对于收益最大化来说至关重要。品牌可能带来的直观效应能帮助客人预期产品的价格水平、服务质量、附属设施以及其他属性。

品牌化在住宿行业极为常见。无论是拥有单个品牌还是多个品牌，饭店管理公司都在充分利用市场趋势、不断打造新的品牌以满足客人不断变化的生活方式和消费偏好。某些品牌拥有并运营其饭店，然而，特许经营和管理合同模式已然成为品牌构建的首选方式。无论饭店采用特许经营还是管理合同的商业模式，收益产出始终是饭店经营成功的关键。所以，收益管理已经成为每个利益相关者最重要的使命。

对于争取通过加盟来获得品牌效应的业主而言，最主要的考虑是如何通过品牌认知和该品牌可以提供的市场销售支持来获得其经营优势。

如果饭店业主正在寻找一位合格的经营管理者，其主要方式是通过设计管理合同来统一业主和管理者的利益。在合同管理出现的早期，合同通常有利于饭店管理公司。在 20 世纪 90 年代，业主及其代表（通常称作资产经理）进行了有效的合同谈判，以更好地协调和统一各方利益。一线或者品牌管理合同公司向业主提供自有的品牌，而其他公司（被称为二线公司或是无品牌管理合同公司）可以不同的旗号管理饭店。一线管理公司能通过其对供应链的管理和批量折扣，展示品牌的魅力及成本效益，并且，多渠道的分销系统具有令人印象深刻的收益潜力。二线品牌管理公司则不具备成熟品牌的优势，这就意味着，聘用该公司进行管理并不能直接转化为房价优势。但是，另外一方面，饭店业主有更多议价权，并能够对这些公司产生更大的影响。聘用二线管理合同公司的业主也可以选择特许经营，或者使用其他的品牌，例如，中介组织以及营销联盟，包括：最佳西方、世界领先饭店联盟、罗莱城堡精品饭店组织、世界小型豪华饭店等。

饭店行业的品牌渗透率在全球范围内各不相同。在美国，超过 70% 的饭店属于品牌饭店，在加拿大品牌饭店的比例为 40%。法国是欧洲国家中品牌饭店渗透率最高的国家，该国 25% 的饭店属于品牌饭店。

收益管理的营销战略

收益管理和营销管理存在千丝万缕的联系。尽管收益管理并不重点探讨营销管理的诸多原则，但实际上，它也建立在多个营销原则之上，并试图从收益优化的角度来解决问题。

市场细分方法

如果某饭店认为所有人都是其潜在的客户，该饭店选择大众营销方法最为适合。但是饭店业普遍知晓：其客源市场并不完全相同。为了更好了解不同市场人群的特征，按照需求和特定购买习惯的不同，饭店业把市场分为若干具有相同特征的消费者群。市场细分是业界为了达到最优的营销效果而采取的必要战略措施，划分传统细分市场的主要变量包括：地理、人口、心理、行为以及价格敏感度。

地理细分市场有广义和狭义之分。地理信息系统在数据库中拥有大量信息，使用者可以根据不同的搜索条件对信息进行检索和运用。地理区域可以通过邮政编码和以经纬度标明的地理位置加以区分。以驾驶距离作为市场细分的标准也在频繁使用。例如，某饭店认为其主要目标市场是在距离不足3小时车程的范围内，那么其市场范围就完全可以在地图上以非常简单的方式来标明。

人口统计细分市场包括潜在客人的年龄段、性别、国别、婚姻状况、家庭规模、收入层次以及其他具有人口普查意义的相关数据。在参考人口标准的市场细分中，使用最为频繁的术语是"婴儿潮"。这一年龄段主要指1946～1964年在美国、加拿大、英国、澳大利亚等国出生的人群，该人群是第二次世界大战以后急剧增加的人口，导致了该历史时期出现了最高的出生率。其人群特点是数量众多而且非常富有，所以该人群成为了大量饭店营销的目标。

心理细分市场主要考虑的因素包括潜在客人的社会阶层、生活方式及个性特征。其中最大的单一客户群（占总数的三分之一）是该细分市场的主流人群，主要由中等收入人群构成，其特征是：重视安全、避免冒险、寻求社会认同等。

市场行为细分的典型因素包括潜在客人的购买习惯、对产品的态度、产品使用率等。例如，主流人群的消费心态喜欢在预订、到达、入住等各个饭店操作环节中采用简单方式以避免复杂烦琐。对主流人群而言，家庭成员共同度假的需要以及在国外旅行时环境安全方面的需要都是至关重要的。假日饭店就充分利用其"最大的惊喜是没有意外"的口号来满足该细分市场的消费诉求。这一精心设计的营销术语迎合了该细分市场的需要，假日饭店成功地开发了该市场，并使之成为其客源的主流人群。针对国内目标主流市场某年龄段人群所表现出的市场诉求，如果同时结合了两种以上的市场细分方法，就可以被称为综合市场细分，如：心理—人口—地理的市场细分法。

细分市场只要具有商业意义，其规模就可大可小。重要的是，该细分市场的成员必须具备共性，并能对饭店营销诉求以相似的方式做出回应。

对市场的细分可以从相对广泛的范围开始入手。若该市场具备进一步细分的商业价值，就完全可以参考另外的标准来完成。例如，市场可以先从国内的企业客人开始划分，如果可行，该市场可以再细分为单独旅行的女性客人市场。如果有必要再次细分，根据值得信赖的数据可以将该人群进一步细分为：来自同一个州或者省的单身女性、年收入在 6 万 ~ 9.9 万美元，每年在饭店停留次数超过 3 次。该市场细分就结合了地理、人口统计及行为等多方面的标准。

收益经理对区分价格敏感和不敏感的客人非常关注，因为针对这两种不同消费群体，饭店需要采取不同的营销方法和收益管理的模式。业界广泛采用价格敏感的测量方式叫作"弹性"，有时也被称为"需求弹性"和"价格弹性"。需求弹性是单位产品或服务的价格变化影响该产品的服务或需求的比率。用于饭店房间销售的计算方法如下：

弹性 = 需求变化百分比（入住率）/ 房价变化的百分比

最初的（原始的）房间需求和房价是计算弹性比率的基础。举例说明，如果饭店将 80 美元的房价增减 20 美元，即，降至 60 美元或涨至 100 美元，其变化率为：增减的金额除以原价格，在本例中，即 20 美元除以 80 美元，即 25% 的变化。

弹性的概念是基于如下经济原则：在市场需求水平一定的前提下，价格上升会导致销售下降，而价格下降会导致销售上升。弹性揭示何种变化幅度更大。例如，小于 1.0 的弹性数值被视为刚性需求；等于或大于 1.0 被视为弹性需求。

这是市场细分计算和追溯的重要信息，因其能帮助收益经理了解顾客对价格变化可能做出的反应。如 5% 的价格增加仅导致了 2% 的需求下降，该数值即为：2% 除以 5%，即 0.4，此数值可以视为刚性需求或者需求弹性不足。在这种情况下，需求的特点是：价格上升不会过分降低销售额，换句话说，市场能够承受价格上升的影响，所以饭店房间收益将会上升。相反，如果同样 5% 的价格上升，导致 10% 的销售额下降，即弹性数值是 10% 除以 5%，即 2.0，则可以视为弹性需求。在这种情况下，价格上升会导致销售额下降。这同时意味着饭店的房间收益将会遭受损失。

收益经理在考虑采取房间打折措施时，更应该关注弹性数值。以下是 2003 年的情况：涉及 480 家饭店的数据研究显示，房价平均每下降 10%，需求仅仅上升了 1.3%[①]。这就说明，当市场需求不具弹性特征时，采取房价下降措施将导致房间整体收益的减少。

不同细分市场的价格弹性值各不相同。如果房费增加 5% 导致了公司客户预订减少 4%，而休闲旅游顾客预订则减少了 12%，那么该饭店公司客户市场的弹性数值为 0.8%，或需求不具弹性；而休闲市场的弹性数值为 2.4，这说明该市场的需求非常具有弹性。

以弹性指数来量化的价格敏感度是进行追溯和标杆管理的有效工具。除此之外，使用频率较高的其他弹性指数还有：收入弹性（收入水平的变化与销售数量的变化进行比较的计算）和交叉弹性（将某产品的价格变化与另一产品销售变化率进行比较的计算。例如，机票价格变化对饭店预订量的影响）。

新的细分市场——手机商务。游客越来越多地在旅游时使用移动远程通信技术来获得相关信息。例如，手机用户能轻易获得各饭店的实时房价比较。服务提供商利用在当地建设的信息推送设施和基于全球定位系统的动态地图，使旅途中的游客能访问风景名胜的在线内容。落基山库特奈旅游公司是加拿大一家旅游目的地营销组织，该组织通过其网站（kootenayrockies.mobi）为手机用户提供了全方位的在线旅游信息服务。数以百计的信息页面，其内容包括：住宿选择、风景名胜、游客活动甚至包括饭店菜单。通过该项服务，所有相关信息都可以通过客人的手机或者其他手持设备获得。[②]

饭店业也开始关注所谓的"道路勇士"现象。所谓道路勇士指经常出差并购买大量饭店间夜的客人。为实现收益管理的目标，了解这部分客人需要快速简洁的预订服务以及选择在旅行途中完成交易的消费特点非常重要。这些客人拥有广泛的产品知识，所以当其打入电话时，就已经完成了饭店的选择。既然该细分人群需要强大的预订功能和速度，分销渠道方所设计的手机版就需要满足这一市场需要。了解新出现的细分市场上述特点的饭店通过其网站使用对手机用户有帮助的版本来提供预订选择。

有些饭店现在也开始利用住店客人的手机来帮助饭店在公共区域找寻客人和转发即时短信，客人的手机还可以用于一对一的直接营销。有些手机甚至已经用于自动售货机、停车场、出租车及其他销售终端的购买支付。住宿业的运营商也希望能进军该领域。

门锁系统的制造商 Vingcard 公司现已开发出运用"近场通信技术"实现访问控制的手机新功能。在客人到达之前，饭店将含有指定房间号的短信及代码发送给客人。客人把收到该短信和代码的手机靠近门锁就能直接进入指定房间。门锁采集客人信息并验证代码后，授予客人进入权限，从而完成了预订客人的入住程序。

市场目标

市场选择目标的目的是对有潜力对市场诉求做出反应的人群和饭店进行营销。当管理者对不同的细分市场进行评估从而完成目标市场选择时，也应考虑该市场的规模、增长潜力以及结构吸引力。结构吸引力包括：细分市场的年龄差异、收入差异、地理分布以及通过广告渠道传达给该细分市场相关信息的便利性等。分析显示：尽管市场定位的最初愿望很美好，但是某些潜在客户具体情况过于复杂，导致相关信息难以有效传达；或者该人群需要饭店投入大量资源才能锁定；或者该人群对市场营销没有任何反应。细分市场也许具有吸引力，但是在做出市场选择和定位的决定时，也需要考虑现实存在的竞争。

20 世纪 80 年代，饭店在个体中寻找顾客共性，这一情况在 90 年代发生了变化。饭店开始在顾客共性中寻找个性。而现在饭店采用了更为平衡的方式，该方式既考虑了顾客的购买意愿同时兼顾了提供个性化服务的能力。因此，该方法显得更有前途。

即使预订来自目标市场，饭店在考虑是否接受该预订时也必须参考其量化因素。例如，在考虑接受某团体预订时，就需衡量该预订是否符合该饭店的市场组合策略。因为该团体只订房，不需要餐饮服务，所以在决定是否接受该项预订时，必须予以考虑。

除此之外，收益经理还需要考虑其他的因素。假设某饭店为 4 个月后的某一天预留了 100 间团队用房，相关销售预测显示 80% 的房间能以单价 100 美元售出，并产生 8,000 美元的房间收益，但余下的 20% 的房间无法售出。距离预订截止日期还有 1 个月的时间，收益经理只收到了一些有待确认的临时性订单。如果收益经理收到了以每间房 60 美元的价格预订所有 100 间房的订单，收益经理应该如何处置呢？接受这一报价意味着将以每间 60 美元的价格售出全部预留房。是接受 60 美元的价位，得到确定的订单？还是等候预测中的、晚些时候可能发生的高收益订单而维持 100 美元的价格不变？这一问题本身比 2,000 美元的差价（预测显示的 8,000 美元总价和确认订单的 6,000 美元总价之差）更为重要。解决这个难题需要管理者进行战略性思维。这个问题应该是：饭店的目标市场是什么？是房价 100 美元的客户？还是 60 美元的客户？如果收益经理有信心将房间以 100 美元单价成功售出，就没有理由仅仅为了锁定更早的预订而付出降低房价的代价。

市场定位

一旦饭店对其价值主张实施差异化，下一步措施即选择定位战略。成功的定位战略是基于饭店确认的一系列竞争优势来制定，同时，其所选择的定位需要跟市场细分定义的目标市场保持一致。一般而言，定位优势应建立在其产品属性、价格、产品或服务满足的需要之上，也应建立在消费者从购买该产品中所获利益的基础之上。另外，定位战略也需要根据现有的竞争对手来制定。

例如，饭店可以选择"儿童友好"的市场定位。其竞争优势源于邻近的室内水上游乐园，该公园拥有波浪池、滑梯以及水上游览游乐设施。该饭店还可以开发专用设施，如有人看护的儿童活动中心、强化的安全措施、独立的儿童入住登记柜台、游戏室、儿童菜单等。该饭店定位于满足儿童对安全和趣味性环境的需要，同时满足父母对无忧无虑假期的需求。

重新定位和品牌重塑　对业绩不佳的饭店，提高收益表现的有效方式可以通过对其重新定位来获得，该方式通常包括对其饭店品牌的重塑。品牌重塑涉及非品牌饭店的品牌选择，或者是品牌转换，有些业主通过重新定位放弃原有品牌从而获得经营的独立，但采用这种措施的业主越来越少。

当某饭店发展到其生命周期的某个节点之时，为了避免功能性陈旧，需要对其进行重大调整。通常，人们将其定位向低端市场转移，这样就不需要投入资本进行密集的大修。饭店可以选择做一些外观上的改善，如使用新油漆和家具，但固定设备及建筑技术或多或少需要与原饭店保持相同。一个举步维艰的高端饭店也可以成为中端市场上具有竞争力的一员，一家中端饭店可以成为具有竞争力的经济型饭店中的一员。加入新的品牌通常也是市场定位的一部分，以此促进融资和进入新市场。

饭店重新定位以进入高端市场的情况也时有发生。机会投资者确认市场中存在尚未得到满足的高端市场细分人群的需求后，以合理低价购买市场中业绩表现不佳的资产，然后通过装修和重大升级使该饭店达到高端饭店的标准。该过程可能牵涉到聘用新的管理团队以及与新的市场定位保持一致的品牌重塑。精明的投资者通常能通过饭店的重新定位来开发市场潜力。

促销推广

促销推广是战略收益管理过程中市场定位完成之后的下一符合逻辑的步骤，促销推广包括多种广告运用、促销活动、公共关系及个人销售的结合。在管理者完成了产品差异化、市场定位等战略设计并锁定目标市场后就需要将推广环节纳入议程。既然饭店需将其提供的产品和服务相关信息传达到目标市场，那么针对产品特点而采取的不同的促销方式就有助于提高消费认识和促成消费行动，成功的促销将带来预订的增加。

一个关于广告的经典格言说道："我花在广告上的钱有一半是浪费了的，但我不知道是哪一半。"[③]针对目标市场设计的广告通过最恰当的市场媒体组合，将相关信息准确传递给精准的目标市场，以此获得广告效率的最大化。现在投入电视媒体的广告开销在逐年下降，而在线广告的支出在逐年递增。这一变化体现了收入高、接受过更好教育的消费者在不断改变生活习惯及媒体消费习惯的趋势。当今，在宽带基础设施的支持下，移动通信技术能够越来越多地通过高速网络进行，将语音邮件和电子邮件以及更为丰富的媒体内容传给网络用户。《经济学家》杂志报告：在 2011 年，全球范围内已有 40 亿的手机用户[④]，为充分利用这一变化趋势所带来的促销机会，很多饭店已经做好了改变其营销预算的准备，即：将越来越多的预算从线下媒体改投线上媒体。

客户关系管理（CRM）

客户关系管理的理论与实践属于营销范畴，近年来，这一理念的运用越来越多地跟收益最大化相结合。顾客关系理念的核心与运用与辨识高收益顾客的收益管理原则类似。其目的是通过同顾客的互动以及对顾客的维护来产生更大收益。

收益经理通过顾客关系管理系统可能获得其感兴趣的某些重要问题的答案。例如：

- 我的最好客户是谁？
- 为什么他们能成为我的最佳客户？
- 我如何才能留住这些客户？
- 我怎样才能找到更多这样的客户？

首先，要对数据进行分析以辨识哪些人群是属于饭店心目中最具收益价值潜力的客户群。通过对现有数据进行信息抽取，收益经理能对饭店潜在最佳客户加以区分。然后是营销模式的选择，确定为顾客量身定做的服务和产品如何满足客人要求。最后，在执行层面上，价值主张必须通过最恰当的渠道传达给客户。

数据量跟数据来源的增加已经创造了人们运用客户关系管理以获取优质商业情报的需求。很多管理者努力将分散于饭店不同部门的顾客信息加以收集，从而形成对客人的全面了解，市场营销者能够从不同的信息源中获得人口特征和行为特征方面的数据，然而，获得准确的顾客消费态度方面的数据仍具一定的难度。现在，预测分析已成功应对该挑战，从而为客户关系管理的改善做出贡献。

预测分析是一个相对新型的工具，它不仅能够判断客户的购买倾向，还可以预测客户在特定时间段对专门的营销诉求做出反应的可能性。尽管现有数据量成几何数增长，业界仍然可以通过基于高质量分析所做出的战略决定来洞悉客户和市场。预测分析这一不断发展的领域，已经通过客户关系管理建设实现了更具动态的客户体验，从而有助于实现收益潜力最大化。

营销组合管理

所有饭店均能自行判断在其所服务的市场中,何种细分市场利润率最高。营销组合管理的目的是通过将饭店足够的库存分配给最重要的细分市场，从而实现利润最大化。在饭店入住率相同或者是具有可比性的前提下，采用的营销组合管理的战略手段能产生更高收益。选择和确定利润率最高的细分市场人群能促进收益的增长。如果该饭店将过多的接待能力分配到利润率不高的细分人群，该饭店的收入潜力就可能无法完全实现最大化。

通常，收益经理基于先来先得原则考虑是否接受某预订时，经常感受到巨大的诱惑。但若容忍利润率较低的提前预订占用饭店的大部分的接待能力，那么利润率更高的公司市场的需求可能就无法满足。为了制定每周最优产能分配战略并以此实现多客源市场的收益优化，就需要准确预测并持续监控需求变化。

在决定目标市场组合时，需要考虑以下因素，饭店个体的接待能力、地理位置、服务类别、市场定位、床型配置和其他诸如品牌隶属关系、饭店等级、运营历史等因素。

接待能力 接待能力较小的饭店只能专注于自己擅长的细分市场，其市场组合管理相对接待能力强的饭店而言就比较简单。中型和大型饭店有更大的客人接待能力，所以这类型的饭店需要制定专门的客房库存分配战略。饭店越大，其从团队市场、会议和会展市场中获取业务的需求就越大。对接待量为 100 间客房的饭店而言，其理想的市场组合是不同于接待量为 1,600 间客房的饭店的。

以上因素也会因运营的季节性而有所不同，饭店在淡季或平季力求从团队市场中开发客源，在旺季则更多关注消费力更强的散客。

位置　饭店所在的地理位置对其潜在客人产生诸多影响。某些饭店所处的地理位置十分特殊，包括独特的气候、美丽的风景及历史的遗迹，这样的位置影响着运营的季节性和住宿的需求量。有的饭店因为地处城市商业中心地带而备受商务客人的青睐，有的饭店因其所在地的休闲度假特色而名声在外，有的饭店因位于主要的会展城市而坐享其利。优越的地理位置是由便利的交通（如直飞航班）、设施，及当地气候等关键因素决定的，所以目的地营销的功用不可小觑。管理者基于市场名声及印象制定旅游目的地品牌战略，并据此在特定目的地市场实现其品牌效应，例如，新奥尔良的"自由自在"；纽约的"大苹果"；拉斯维加斯的"维加斯妙事"和"住在维加斯"等。正如温暖的冬季度假胜地的客源结构同寒冷的冬季度假胜地的客源结构略有不同一样，处于都市的饭店比郊区的饭店更能吸引来自不同市场的客人。优越的地理位置有助于价格定位，并且为多样的市场需求管理提供更多手段。

分类　饭店可以根据不同的标准分为不同的类别。比如，某饭店属于郊区中型全服务类别，目标客户为公司客源，其市场组合的主要客源是工作日临时商务散客。在公司团队市场疲软的周末或者淡季，该饭店制定了不同的市场组合战略，从而将更多的接待能力分配给休闲人群。

分类有助于饭店决定其市场方向并据此制定价格区间，并从其市场构成中细分出一级市场、二级市场乃至三级市场。对饭店进行不同的分类能有助于采用不同的市场组合战略。

市场定位　饭店的市场定位影响着其在竞争对手组合中是否能够占主导地位。如果该饭店控制了大多数的房间，那么它在房价以及目标市场细分方面就更有影响力。而在区域内没有显著影响力的饭店，其市场地位就如同大池塘里的小鱼，它必须非常敏锐地关注市场动向。

特定区域内的主要饭店在引导潮流、调整房价以及在其原有的市场构成中引入新的细分市场方面有更多的实施手段。如果具有强势市场定位的饭店决定增设水疗中心，并以此开发市场中对健康颇为关注的细分市场人群，该区域的其他饭店可能不得不对此保持关注。而区域内小型饭店会考虑跟上潮流，量力而行，采取非资源密集型的措施来满足新细分市场的需求。其可采取的措施包括：提供多样化的菜单、升级健身房系统以及其他健康导向的措施。

在竞争对手当中，市场定位影响着饭店的市场组合战略决策，市场中总是有领导者和跟随者。

床型配置　饭店必须满足细分市场的需要和欲望，才能获得该细分市场的业务。决定开发家庭游客细分市场的饭店必须能够提供婴儿床、加床以及相连的房间，以此满足拥有数量不同、年龄不同的小孩的家庭的出游需要。如该饭店只能提供特大床，那么对需要共享房间而非床位的家庭而言，其吸引力就不大了。

其他因素　在市场组合管理战略制定中还有其他一些因素也发挥着作用，饭店的物业建筑是其中之一，旧物业在市场上的表现建立在多年形成的影响力基础之上，然而，饭店物业的物理形态不可避免地影响客人对目标市场的选择。房间面积、便利设施、建筑系统、家具及固定设施设备可能均已老化，饭店旧建筑的维修成为管理者必须面对的巨大挑战。尽管有充分案例显示：旧的标志性饭店在充分的翻修开发后最终跟上了时代潮流。而现实中更可能的情况是：当老式饭店风光不再，其原有客户构成也或多或少随着物业物理质量的下降而减少。

开发市场组合战略时必须牢记另外一个重要因素，即特定市场上的某些客人细分市场比别的细分市场更适合饭店的氛围。所有饭店的氛围都是重要的无形资产，由一系列因素组成，包括气味、声音、颜色、物品以及入住饭店所接触到的人。为能给客人提供一个使其感到愉悦的环境，饭店有必要对氛围进行认真管理。需要强调的是：客人也是氛围的组成部分，所以，收益经理不应将过多的接待能力分配给那些可能成为重要细分市场潜在威胁的客人。在特定日期的市场组合必须与饭店战略目标保持一致。

某成功建立了家庭友好声誉的度假饭店就为此付出了代价。该饭店为了在周末卖出更多的房间，接受了一个名为"花花公子"组织大会的预订，该组织以其不健康的生活方式而闻名。后来，该饭店遭到无数投诉以及媒体的负面报道，因为周末带孩子入住饭店的父母强烈反对该组织成员衣着暴露的公开行为。当日的客人组合成为了麻烦之源。从中，收益经理接受了深刻教训，即：务必关注谁将跟细分市场的重要客人分享电梯及饭店主要设施。有些市场组合的方案能带来完美的结合，而有些方案却并非如此，管理者在进行市场组合战略制定时，必须关注何种细分市场的结合能够完美地融合并形成合力，从而避免任何可能的不良反响。

战略定价

定价包括战术性和战略性两个层面。其战术性主要表现在短期管理上。例如，同一天或同一周的价格决定在本质上具有战术性。因为在相对较短的时间周期内，饭店的目标是产生现金流。如果饭店认为房价调整将增加某天或某周的收益，它就需要实施战术性房价管理。

战略定价的目的则完全不同。战略定价关注的是房价管理的长期因素，其目的是通过增加市场份额和改善市场定位来增加收益。饭店的战略必须植根于市场信息和产品质量。有瑕疵的产品在竞争性的市场中的地位难以为继。如果饭店产品质量很差，无论其商品化程度如何，它都不可能长期维持忠实的客户关系。战略定位应实现产品价位、产品质量与目标市场的一致。

价格竞争

进行战略定价最重要的环节始于饭店是否需要做出参加价格竞争的决定。了解的相关知识越多,收益经理越不可能建议饭店采取单一价格竞争的策略。这一观点基于如下判断:任何竞争对手都可能在其所需要的任何时间将价格降到市场最低,竞争对手之所以采取低价措施可能是情势所迫,也可能仅仅为了获得市场上更大的影响力。然而,绝大多数饭店完全可以使用更具持续性和经济上更合算的方式来创造消费需求,而非竭力使其沦为市场上最低价格的饭店运营商。

有些管理者误将客人的价值观等同为价格敏感。实际上,客人的价值主张是由产品属性而非价格创造的。

价格是否是客人购买决定中最重要的因素?通过对价值驱动因素进行广泛的研究发现,价格对入住经济型和中档饭店的商务客人而言,是排在建筑类型、地理位置和设施之后的第三重要因素。然而,相同的客人在预订高档饭店时,价格又成为了最主要的价值驱动因素。对于选择经济型饭店的休闲客人而言,价格的重要性逊于饭店设施,名列第二。然而,休闲客人在选择预订高中档饭店时,价格又成为首要因素[5]。另外一个有趣的调查发现是,客人愿意额外支付房费的10%以获得强化的安全及安保服务。还有调查发现,通过网络完成预订的客人中有38%的人愿意为享受客户定制服务而额外支付20%的房费。这些调查结果都表明,低房价并非是入住客人中大多数人最重要的选择标准。

既然价格不是在做出预订决定时最为重要的因素,那么,将价格作为重要竞争武器的战略决策就一定要慎之又慎。价格竞争可能对特定市场的某些饭店能发挥作用,但是对所有市场的所有饭店一定不起作用。

跟竞争对手进行价格比较的目的仅仅是为了在竞争力上与之进行比较。尽管如此，在大多数司法体系中，饭店不能直接同其商业伙伴和竞争对手讨论产品价格，因为这将触犯《反垄断法》和违反旨在保护消费者免受价格欺诈的法律法规。然而，收益经理密切关注竞争对手的房价是合理合法的。参考特定区域的价格变化，饭店可以决定是否调整其房价，换言之，饭店可能就是否需要参考竞争性产品的价格做出自身价格调整的战略选择。然而，该战略既有优点也有缺点。

首先是控制的问题，谁负责饭店的房费管理？如果饭店盲目跟随竞争对手的价格而上下调整价格，探求这个问题的答案就完全必要。某饭店可能准确地把握了市场动态，也有可能对此进行了误读。收益经理应该做出独立思考和战略设计，而非仅仅是对竞争对手的市场行为做出反应。实际上，竞争对手的现金流以及产品成本的不同，均可能成为其调整房价的动机。了解到这一点，收益经理可以避免为应对对方价格调整构成的运营挑战而改变自身产品价格。如果收益经理不清楚竞争对手改变房价的原因，同时也没有运营的压力驱使其这样做，就完全没有理由急于做出价格调整，况且频繁的房价变化也会让客人感到迷茫。

从积极的方面来看，市场认知也应予以考虑。客人在目的地进行住宿选择时，需要了解可比较的产品的价位，以促使其深入了解产品的其他属性。为了杜绝客人仅仅基于价格作出预订的决定，管理者应使饭店的地理位置、服务质量、品牌影响力及其他差异化因素成为其决定的主要因素，而非仅为价格。如果维持市场份额是其主要目标，饭店可以采用具有比较性的优惠价格。当竞争对手提高价格时，该饭店也可以采取相同的措施，这样，市场就不会因其价格低廉而认定产品有瑕疵。

饭店对是否设置竞争性的价格有选择权。但是收益经理应该始终关注区域内的房价，如果是有正当的理由，并且价格调整与饭店既定的定价战略具有一致性，那么就应该对房价变化采取相应的行为。

定价战略与市场份额　研究显示，如果饭店维持房价不变，放弃低价竞争战略，它是能够最终取得更高的可出租客房平均收入的。如果饭店的战略目的是采取所有可能手段来增加其市场份额，那么采取战略性措施将其房价定位于该区域最低也许能够实现这一目标，但需要付出财务业绩的代价。况且市场份额的增加也并非一成不变，对价格忠诚的顾客会始终基于价格做出购买的决定，所以其行为方式表现为对最低价格的执着追逐。如果市场上出现了折扣更高和销售条件更优惠的饭店，那么价格驱动的客人就会毫不犹豫地转换饭店。所以，在价格摇摆的游戏当中，谁也无法最终胜出。

物质性的房价壁垒　房价管理也可以利用物质性的价格壁垒来实现相似价格主张的差异化。价格壁垒包括房间的大小、位置、景观、床型配置以及附属设施，如吹风机、浴袍、单独的接待台、高速无线连接、DVD 播放机、iPod 机座、高清电视、果盘等。

非物质性房价壁垒　非物质性房价壁垒也是价位的影响因素，包括：一年内的季节、预订时间（当天还是提前）、会员身份（忠诚计划以及合作机构）、付款方式（不可退款、全额预付以获得较低的价格）、预订渠道（网上直接向饭店预订以获取较低房价）、数量折扣（团队价格）等。

统一售价

竞争性定价旨在追逐竞争对手。相反，统一售价的重点在于饭店自身价格管理实践，它是指无论产品通过何种分销渠道（语音渠道或者是网上渠道），何种预订机制（直接预订还是第三方预订），饭店同一间夜的房价始终相同。

尽管饭店在努力统一售价战略，但这一目标却往往难以实现。只要有价差存在，预订者会通过不同的分销渠道找到相同间夜的不同房价，如其一旦发现有比饭店直接预订更低的价格，客人肯定会通过另外的渠道完成预订，从而充分利用这一价格差异。

很多饭店发起了"最优价格担保"的行动，这一行为本身证明业界承认价差的存在。该行动向客人承诺，以不高于第三方分销渠道的价格销售房间，这一行动取得极大的成功。这一担保使客人重新以"企业对客户"（B2C）的模式完成对大多数房间的预订，从而从第三方夺回对大多数房间的销售。这对饭店来说很重要，因为客人选择不同预订渠道会导致成本差异，即使客人最终支付的价格相同，如果该预订并非通过饭店完成，饭店的净价也会根据订单成本而有所不同。收益经理应该在做出战略决策时考虑到饭店的净价因素。

顾客喜欢透明的定价方式。如果产品相同而价格不一，客人可能会怀疑其实际购买的产品是否不同。价位过多、定价机制复杂让客人感到困惑（尽管客人能保持清醒的头脑，最终以最低的价格完成预订）。总之，定价战略越简单，相对饭店管理者和客人而言，越易于管理和操作。

收入流管理

大多数饭店拥有不同的收入流。不同的收入流的利润贡献各不相同。同样的销售额，其利润率在一个部门可能比另外一个部门更多或更少。即使在同一个部门，不同的销售项目的利润贡献也可能不同。例如，在餐饮部出售的牛排晚餐通常比鸡肉晚餐的获利更多，顶级品牌饮料比饭店自有品牌的获利更多。不了解收入来源的重要性将会导致出现这样的局面：销售经理尽管增加了销售总额，但净收益变化不大。

现从部门层面来加以说明，假设某饭店的销售收入是 1,000 万美元，源于客房、食物和饮料销售。在该饭店的 3 个收入中心中，客房销售几乎总是能产生最高的利润贡献，其次是饮料销售，然后是食品销售。假设这家饭店收益明细和利润贡献的细分表格如下（单位：美元）：

	销售收入	占总销售收入的百分比	利润贡献率	净收益	占总收益的百分比
客房	7,000,000	70%	85%	5,950,000	74.4%
食物	2,000,000	20%	65%	1,300,000	16.2%
饮料	1,000,000	10%	75%	750,000	9.4%
总计	10,000,000			8,000,000	

注意，从上表我们不难看出，客房收入占总收入的70%，而其在总收入中所占的比重超过了74%，食物和饮料在总收益中所占的比重小于其在总销售收入中所占的百分比。

收入流管理也被称为收益组合管理，其管理决定是基于利润贡献做出的。收益经理需要了解不同的收入流有着不同利润贡献率这一基本前提，然后更多地关注带来更多利润的收入流，以实现更好的经济效益。收入流管理的根本目的是通过专注于最有利可图的收入流并增加总收益额，从而实现利润最大化。管理者需要努力从相对有利可图的收入流中增加收益。例如，房间收益率就比多功能厅收益率更令人满意。所以，当在签订团队合同时，饭店对餐饮收益的关心就应多于对视听设备出租或会议室布置升级的关心。就装饰事宜进行谈判所付出的努力就不如对高端饮料的谈判的努力更有效率。收入流管理的决策同时也会影响营销资源及其他资源的分配。

战略捆绑销售

如果管理者对其营销业绩满意，这家饭店就缺少财务压力以进行捆绑产品销售。 但如果该饭店希望通过提高入住率和刺激消费以产生更高收益，管理者就有可能考虑对其提供的系列产品和服务进行战略性的捆绑销售。对客人而言，饭店所提供的复杂的产品往往比单一房间产品更具有吸引力。然而，因为要投入很多时间精力开发，所以该战略在业界得不到重视，也未被充分使用。但是，如果管理者能很好地设计并恰当使用这一战略，它有助于饭店增加入住率和整体收益。

饭店所提供的产品或服务跟房间间夜捆绑，即为捆绑销售或产品组合。尽管产品组合中构成项目的数量没有相关规定，但传统观念认为组合中除房间住宿外至少还应有两个项目。若组合除住宿外，就仅有另外一项产品或服务，如早餐就未被广泛认定为市场营销意义上的产品组合。通常受欢迎的简单产品组合包括房间、膳食和交通。饭店通常采用的产品组合包括：饮食与交通、娱乐以及康乐设施等的组合使用。

饭店可选择对其提供的捆绑产品实施打折战略，使其总价低于各项单独购买的价格总和。但是情况并非总是如此，饭店不一定要采取这样的措施。因为对产品组合中各项进行打折有损服务提供者的利益。饭店可能认为打折措施有助于产品组合的销售，但是管理者也可能创造出非常具有吸引力的产品组合而不需要对其打折销售。如果该组合的内容项目丰富，具有创造力，且能满足精心定位的市场需要和欲望，客人完全可能认同该组合的价值主张，而接受全价。

为了能够做出关于定价和折扣之间微妙关系的正确决定，收益经理需要考虑目标细分市场的价格敏感度，以及跟竞争对手产品组合相比自身组合的优缺点。例如，该组合是否具有与众不同的产品或服务？产品组合越有特色，越有可能在不打折前提下获得全额收益。捆绑销售产品的开发最具挑战性，最耗费资源的环节在于确定正确的组合理念和主题，以及完成目标市场细分。当以上措施完成后，定价就水到渠成了。

产品组合开发过程

在进行产品组合开发之前，管理者首先要对数据进行认真分析，如产品组合开发基于假设而非具体数据，这一过程就无异于赌博。责任心强的管理者不会选择具有赌博性质的策略。管理者可以信任数据，因为数据不会说谎，数据不容商量。

应该考虑何种数据呢？首先，管理者需要从自身商业需求入手分析已经掌握的信息，客户关系管理系统能提供优质的信息源。饭店需要考虑以下因素：

- 客人选择入住该饭店的原因（商务、休闲，或两者均有）；
- 平均停留的时间；
- 每位客人平均的开销（细分至房费和其他项目）；
- 预订平均前置时间以及预订的渠道或方式；
- 随季节变化的房费和入住率，划分饭店的旺季、淡季和平季；
- 一周中可出租客房平均收入最高和最低的时间。

管理者通过对数据进行解读，能更好地了解客户相关的信息，需要考虑的问题包括：是否有必要对现有数据进行进一步挖掘？为更精确锁定细分市场，收益经理可能运用观察法、问卷调查法，以及第三方咨询公司参与等方法来收集有关客人地理市场方面的信息（如客人来自何地、首选何种交通方式）。这些措施是否具有商业意义呢？人口统计的信息也可能具有重大意义（如客人属于哪一年龄段，收入水平及性别细分如何）。

周末和周日的产品组合同样要根据所收集和分析的数据进行设计，管理者需要针对不同的细分市场提供不同的组合项目。设计巧妙的产品组合是基于数据分析而非猜测完成，充分的调研能为饭店管理者创造出客人喜爱的产品组合打下基础。管理者还可以开发某些产品组合来增加主要细分市场的收益，或者针对有潜力的次级市场设计其他组合以获得更多的需求（后者属于产品诱发的需求）。

对价值的感受是产品组合设计最关键的因素，换言之，不必为组合而组合。价值感受的重点是让目标客人认同该组合的价值。只要对受众有吸引力，所有产品捆绑销售都有机会胜出。假设某饭店提供了特殊饮食的组合（包括有机蔬菜及低碳水化合物食品等）、婴儿保姆服务、再加上超级巨星参演的节目，这样的组合可能得到对健康特别关注的细分市场的青睐。该细分市场的客人带着未成年的孩子旅游，期待欣赏世界级水平的演出。在本案例中，在创造该产品的价值感受时，优惠的价格不可能产生影响。在设计该组合时，管理者选出了能满足目标市场的产品项目并进行了组合，这就是该产品组合能全价胜出的原因。

内部产品组合　内部产品组合是指饭店利用自身生产和控制的产品来实现的捆绑销售。例如，某饭店提供了"周末逍遥游"的产品组合，其产品包括从机场到饭店的接送、迎宾鸡尾酒会、周六小套房之夜，以及供两人享用的晚餐。在该组合中，交通由饭店提供的穿梭巴士完成，饮料在饭店的大堂吧里饮用，餐食在饭店餐厅享用。该饭店能很好地控制产品组合的所有项目，包括产品质量、价格以及产品属性（如菜单选择、房间位置朝向等）。

相对外部产品组合而言，完全由饭店自身提供的产品组合更易于开发，因其需要的外部合作少，也不需要大量的人力投入。同时，研发部门不需要对外部产品和服务的提供商进行资料收集、排序以及质量认定，从而大幅减少了发生问题然后被动解决问题的风险。此外，如产品组合中的项目都由饭店自身提供，饭店就能及时解决如下的问题：车辆发生故障正在维修；雇员打电话请病假；或者套房设备发生故障。客人甚至还没注意到发生问题之前，饭店就已经采取了措施。

然而饭店内部产品组合并非完美，因为饭店产品中能用于组合的数量有限，这将限制其产品组合开发中项目选择的可能性。如果产品组合缺少独特性，它将很难实现真正意义上的产品差异，也难以给客人带来兴奋感。有些必不可少的因素不能在饭店内部找到。

外部产品组合　考虑到内部产品组合的局限，某些饭店敢于面对挑战，它们选择跟外部服务提供商合作，以激发顾客消费的兴趣。例如有一款叫"都市之夜"的产品组合，提供了房间、饮料、活动入场券和观光项目。在该产品组合中，因为演出、体育赛事、观光项目由外部运营商提供，所以饭店能有效控制的产品只有饮料与房间两个项目。尽管饭店可能同剧院、会展中心、运动场馆或体育联盟及旅游运营商等各方通过谈判获得优惠的产品价格，但却无法控制这些产品项目。

尽管饭店可能不会为在第三方发生的产品事故承担法律责任，但开发该产品组合的饭店有责任监督其业务合作伙伴所提供的业务。在将客人委托给第三方公司并使用其提供的轿车、公交、餐馆及娱乐活动等产品和服务之前，饭店应充分了解产品中各组成项目的情况。这种了解并非来自电话交流、网站或者道听途说，而是对该产品的测试、消费和体验。总之，饭店在以正确的方式向客人推荐产品之前，就应该全方位地了解该产品并对之进行评估以确定客人的接受度。

有的管理者对饭店房间跟外部产品捆绑销售的合理性表示质疑。他们的疑问是："为什么饭店要对其房费打折来销售别人的产品呢？"管理者们对这一问题有着不同的回答。产品项目之一的演出或者是比赛的入场券有助于销售难以卖出的房间；在某些产品组合中，外部因素甚至成为主要的需求驱动因素。试问，诸如超级杯、大奖赛或者是狂欢节这类活动可能对当地饭店产生怎样的影响？所以，饭店既可以通过跨市场交流来获益，也可以通过与重要的外界赛事、景区、演出的运营商合作来获取更多业务。

产品组合销售的目的

　　饭店的目标市场不同，其使用捆绑销售以实现的目标也各不相同。但是产品组合销售的共同点是创造价值感受。如果某饭店成功创造了可全价销售并具有吸引力的价值感受，同时得到客人的认可，那么就没有必要对产品组合进行打折销售了。对收益经理而言，产品打折的诱惑始终存在，因为对产品组合进行具有创造性的设计费时耗力，而采取降价措施则易如反掌。但好的产品组合能够使饭店脱颖而出并有助于获得更多的业务。

　　都市商业饭店的产品组合目的同度假饭店完全不同。本文作者与在圭尔夫大学攻读工商管理硕士的豪弗·李共同进行的研究结果显示：都市饭店进行组合产品销售的首要目的是提升入住率，而度假饭店产品组合目的是提高收益。如果饭店必须在都市市场参与竞争，其产品的每个差异化都举足轻重。如果饭店的其他产品因素均已参与充分竞争（如饭店地理位置、房费、附属设施、客人忠诚计划等），那么具有吸引力的产品组合将成为市场需求的主要驱动力。

　　而度假型饭店的业务则不同。即使在细分的度假市场，度假型饭店所提供的组合产品也不是购买决策的关键因素。客人在接受饭店所提供的组合产品之前会先考虑产品的价格和服务质量、品牌的熟悉度、附属设施以及是否毗邻风景点或机场等因素。

　　由旅游运营商所提供的度假型产品组合反映不同的市场动态。消费者需要应对第三方而非服务提供商的价值主张。旅游运营商也从收益管理战略战术中获益，但其主要收入来源是通过对多个服务商所提供的产品进行营销实现的边际利润。在度假型产品组合中，交通和饭店是关键产品项目。饭店位置、价格、日程安排的方便性也是购买决定的重要驱动因素。例如，某客人可能会选择出发日期为周六的整周全包型度假产品组合而不选择周一至周五出发的类似产品。竞争对手饭店即使提供不同的包价促销产品也不会对客人的选择产生影响。在这种情况下，游客首先根据出发日期的可行性来做出选择，忽略了产品组合的其他构成项目。

研究发现，城市饭店与度假饭店的打包促销还有一个明显的不同：度假饭店似乎更青睐内容丰富的包价促销，而城市饭店更喜欢数量有限但是内容丰富的组合。度假饭店通常提供一周的包价，为客人做好用餐安排。收益最大化的最佳策略是在客人完成预订后，饭店为其及时提供具有吸引力的游乐活动，包括高尔夫、帆船、潜水、舞蹈或者乘直升机或者高山滑雪，其选择的项目取决于饭店的地理位置或饭店类型。某些旅游目的地景观资源丰富，饭店可以向客人提供当日往返的短途旅行，如参观历史遗迹、博物馆并体验本土文化。某些旅游目的地饭店提供水疗包价，或利用毗邻的购物或文化景点的地理优势来进行产品组合开发。度假饭店可以将多种多样的包价推销给目标客人，因为客人在度假饭店里的平均停留时间一般都长于客人在城市饭店停留的时间。

位于城市中心的饭店必须考虑到客人入住时间短的问题，充分利用饭店服务设施。正因为客人入住时间短，饭店提供的包价促销选择相对较少。客人每次入住，饭店通常只销售一种包价。饭店利用自身的服务为客人所提供的包价挤占了客人在目的地观光的时间，饭店实现了收益最大化。如果能在客人完成预订后或在客人到达后及时进行促销，内部与外部产品组合的完美结合就能够获得客人关注。产品组合中内部项目越丰富，饭店获利就越丰。

产品组合及市场细分

我们已经讨论了市场细分的重要性，不同细分市场有不同需求。对于休闲客人有吸引力的产品组合跟对商务客人有吸引力的组合不同。如果某饭店对细分市场进行了准确定位，为客人定制的产品组合就可能非常有吸引力。

公司客人不可能被免费停车或当地动物园的入场券所吸引，但带着孩子自驾旅行的休闲客人往往欢迎主题公园的入场券、免费泊车、早餐以及在客房的互动电视上不受限制地进行电脑游戏等项目。

商务客人可能对如下的产品项目感兴趣：高速无线上网、不受限制的长途电话、会议室使用，以及入住饭店套房、免费点播电影。重要的是，饭店必须自行判断其客户需求，同时密切关注其竞争对手的产品组合，只有这样才能够对产品差异化及需求驱动进行成功管理。

20 世纪 90 年代中期出现了一种被称为"套餐"的针对细分市场的包价形式。很多商务饭店发现其细分市场上越来越多的商务客人倾向于将商务旅行跟一两天的休闲活动相结合。换言之，客人前两天可能还在参加会议，但在第三天就摇身一变成为了游客。以相同房价购买相同房间的同一客人在第三天晚上显示出完全不同的购买行为。有些品牌饭店因其产品组合的打包销售获得了成功，包括前期组合、后期组合、自选组合或者动态组合。在动态组合中，客人可以从多个选项中自行选择并搭建自己的产品组合，其选项包括机票、汽车租赁、当地景点、娱乐、博彩及水疗等。

产品组合及收入流管理

确定产品组合中每个项目的赢利能力对饭店而言非常重要，食物和饮料的利润空间就不同于间夜，带导游的观光旅游和汽车租赁服务利润空间跟水疗中心护理的利润空间也不尽相同。不同利润空间的产品捆绑在一起，管理者需要确定该产品组合的整体收益、利润率及其影响，并将其同饭店战略营销目标结合起来考虑。

增值组合拥有巨大的潜力。客人青睐一站式购物，方便是第一位的，良好的产品组合能够做到这一点。甚至有时客人会自行设计并精心挑选所需要的组合项目。饭店不仅提供技术支持而且提供训练有素的客服人员或者礼宾司，以满足客人所有的需要，获得更多的收入。那些没有能力或没有意愿满足客人特殊需要的饭店则做不到。如果客人有需要，只需一个电话就能在饭店餐厅订座、取回干洗的衣物、享受饭店水疗中心的按摩、使用豪华轿车，饭店通过提供以上服务更有可能实现收益最大化。

20世纪90年代，客人出现的另一种倾向是对饭店产品"一价全包"的期待。价值和方便是这一趋势的驱动因素。客人讨厌饭店对其频繁的收费，当饭店就所提供的本地通话、上网、咖啡、早餐或者健身设施的使用等服务一次又一次地向客人单独收费时，客人们通常会感到愤怒。越来越多的客人希望房费能涵盖尽可能多的服务，所以，一价全包的旅游度假饭店正逐渐受到越来越多客人的欢迎。

从服务提供者的角度来看，增值组合是一种投资，有助于产生更大收益，提高入住率，最终实现利润的最大化。

产品分销渠道管理

收益经理通过多种多样的分销渠道进行销售，分销渠道管理的战略目标有三个维度：收益最高、成本效益最大和最易于掌控。管理者努力通过这样的分销渠道完成饭店绝大多数的收入。要平衡这些维度所面临的挑战不容小觑。

确认将产品售往目标市场的方法或渠道十分重要。饭店纯收益会受到不同分销渠道的影响，每一单预订所产生的成本也必须纳入考虑范围。

饭店的预订是通过直接或间接的方式完成的。无论怎样，它们都是通过多样的分销渠道实施的。当客人直接预订时，饭店可以通过以下渠道完成，包括饭店网站、电话、电子邮件和手机短信、传真(现在的使用频率越来越少)、普通邮件（早已过时）等书面形式。20世纪70年代，饭店客人所使用的早期直接预订手段现已过时。使用电传和电子打印机的时代已一去不复返（该技术手段将电子打印机通过电话线建立实时连接以生成书面记录）。现在完全可以预测，在不远的将来，传真的命运将会跟电传的命运一样，人们越来越多地通过电脑键盘或手机按键来完成书面沟通。

如果客人通过中介来完成对饭店的预订，该方法就被称为间接预订。最常见的中介包括：旅行社、旅游运营商、需求服务商（门户网站）、中央预订系统、目的地管理服务系统、全球分销系统、饭店代表机构的呼叫中心、推荐机构以及营销联盟。每种中介都能给饭店带来收益，收益经理需要跟上述机构维持良好的业务关系，并通过对收益源的分析确认主要的收益创造者。饭店各中介的收益产出比例会根据季节、目标市场或其他情况有所变化。有些饭店在淡季时直接从旅行社获得大多数的客源收益，而旺季时直接从散客中获得预订。

人们利用语音、全球预订系统、互联网等渠道进行沟通并达成交易目的，现有的销售方式和渠道可以任意组合。

语音渠道

饭店利用连接到预订办公室、前台或总机的电话接受预订。不通过中介而选择直接预订的客人数量在逐渐增加，语音渠道的电话量自从20世纪初以来在不断下降，所以新增的客流量并非通过语音渠道实现。但是电话转化率的不断攀升表明：更多的客人只要打电话就是要预订。因为饭店预订部员工接受了更好的培训，以及饭店对客史档案的有效利用加快了预订的流程。另外一个重要原因是越来越多的潜在客人在拨打电话之前就已经在网上完成了对住宿信息的检索。很多顾客喜欢用互联网来寻找目的地信息，比较不同的住宿设施，货比三家，甚至通过住过该饭店的客人的评价来了解客人对该饭店运营质量的反馈，从而完成最终的筛选。然而，有的客人仍然喜欢通过与服务提供商面谈完成实际预订。

上述现象出现的原因各异，其中一种是：有的客人对于在线支付方式的安全性持怀疑态度，所以他们转而使用电话方式来完成交易；另外，有的客人感觉有必要同接待人员就产品信息及目的地特色等相关问题进行交流，而此类信息无法在网上获取。总之，收益经理需要关注的是顾客的行为倾向。

服务高端市场的饭店运营商已经意识到与需要特别关注的客人进行人际互动的重要性，他们甚至不愿引进可以取代预订部员工的自动语音系统。对客人的个人关注从一开始就非常重要。正如一个古老的谚语所说："你永远没有第二次机会给人留下第一次印象。"饭店良好的第一印象可能早在客人到来之前，甚至当其拨打第一个电话预订时就已经形成了。

连锁饭店的呼叫中心和第三方推荐服务能够为处理巨大的电话量提供有效解决方案，然而预订成本可能增加，且服务质量可能下降。预订部员工可能具有良好的产品知识和更多的促销高端产品的动机，所以，员工了解饭店内部信息的重要性不容低估。了解饭店泳池的改造日期、客房电视的频道选择、新聘用的厨师的厨艺水平，以及时尚的弧形浴帘之类的产品知识都可能帮助其完成销售。

在可预见的将来，收益最大化战略必将保留语音渠道为其预订手段之一。

全球分销系统

全球分销系统在互联网出现之前是唯一的电子渠道，提供了饭店收益经理同旅行社及其他收集客人需求的机构保持联系的重要渠道。在20世纪70年代晚期，航空业开始使用中央预订系统。其产生背景是游客数量发展迅猛，手工预订系统显得过于缓慢，而且占用过多劳动力，所以对此项技术的需求成为必然。同时，微处理器不断升级换代，新电子数据处理技术横空出世，使该项技术的萌芽具有了技术上的可能性。全球分销系统的设计最初用于航空业的预订服务，旅行社发现通过全球分销系统进行预订能获得成本效益，饭店和汽车租赁行业在 20 世纪 80 年代也开始运用该技术。

20 世纪 90 年代晚期，当大多数连锁饭店已经应用在线预订引擎时，高端连锁饭店的管理者不愿在其网页上提供该项技术手段。他们认为：大多数的客人已经通过全球分销系统同饭店在网上保持了接触，同时，其主流客源包括高级白领、富有的个人、团体客人，他们会仍然委托办公室或旅行社选择全球分销系统在网上完成预订，而不会在网上自行完成。时过境迁，现在很难找到一家不具备预订功能的饭店网站了。

全球分销系统的主要运营商包括 SABRE，Apollo，Amadeus 和 Worldspan。必须要经过公司间数据转化，并同服务供应商保持互动，才能在上述系统完成预订。传统上，全球分销系统采用公司对公司（B2B）模式开展业务，而在互联网平台上的电子旅游交易模式的进步为全球分销系统提供了新的机遇。许多全球分销系统公司通过推广消费者网站和给在线旅行代理提供饭店房间来拓展其业务。其管理供应商和分销商之间交易的传统职能变得日益复杂。未来，通过全球分销系统完成的预订量对收益经理来说依然不容忽视。

互联网渠道

互联网已经改变了商务活动的方式。发掘互联网的潜力耗费了饭店行业漫长的时间，其学习过程也并非一帆风顺。在 20 世纪 90 年代晚期，公司刚刚进入网上市场时，大多数人认为互联网给饭店业带来的仅仅是另一个促销的手段，它不可能给收益带来直接的影响，然而随着互联网家庭普及率的成倍增长，在线软件应用提供了更为友好的用户界面。结果是，越来越多的企业抓住了机会，实现了在新的电子商务领域的先发优势。

早年的"科技泡沫"令人激动，市场也为之动荡不安。互联网上激增的业务导致大量的初创公司的出现。尘埃落定以后，很明显，那些没有互联网就一事无成的企业通过选择互联网平台为公司创造了价值。而有些在线公司为客人在网上方便快捷地寻找旅游信息、预订旅游产品和服务、完成付款所需的技术支持，并全天提供预订确认服务，这些网站现在越来越受到市场的欢迎。

在 20 世纪末 21 世纪初，饭店业同意由第三方代为收集客户需求，成为饭店和客人之间的中介。饭店最初认为在线分销商能对现有分销渠道提供具有便利性的补充作用并能提高收益。因为第三方完成了所有的技术投资，包括建立网上业务、门户网站、预订引擎、找到客人并将产品卖出。但是，几年以后，业界意识到这种方法导致了饭店业巨额收入流失（多达数十亿美元）。对此，行业最终做出回应，其结果是，"企业对客户"模式作为最重要的互联网直接销售模式应运而生。

企业对客户的直接销售模式 客人不通过中介而直接向饭店或品牌预订的模式被称为企业对客户模式（即 B2C）。基于互联网的直接销售模式最符合饭店成本效益，最有利可图，同时，饭店能实现对该销售模式最高水平的控制。

2000 年以后，饭店行业开始严肃认真地开展夺回其产品销售权的活动。2000 年是旅游业具有重要意义的一年，市场对饭店的需求开始下降，而 2001 年发生的 "9·11" 事件，恶化了旅游环境，加速了旅游行业的下滑。旅游业经历了成本削减和深度打折的历史时期。很明显，增加收益是摆脱困境唯一的途径。所以，人们对收益管理战略的兴趣与日俱增。战略分析方法引起了人们对在线分销商 "蚕食鲸吞" 其利润的关注，并使之成为 2003 年的焦点。同年，饭店业意识到，在线预订中介机构并未开发出新的收益源，只是在利用客人购买行为的变化。

很明显，行业需要就此做出战略回应。饭店不得不夺回对其产品销售的控制并跨越中介环节，直接向客户销售大部分的产能。此举能否成功的关键因素是：行业需要了解在线分销渠道及其动态特征，并落实在技术改进（含交易速度、实时动态定价、产品可用性监控、搜索引擎优化等）和饭店网站外观设计改善等方面。通过对饭店网站进行重新设计以提供更快的下载速度和更为清晰的内容，帮助用户只需敲击几次鼠标就能获得所需信息。另外，饭店网站还开始在用户的登录页面上设置预订功能，以及相关链接（地图、当地天气、主要活动、风景名胜等）。

产品直接销售模式必须让客人觉得物有所值，这比设计用户喜爱的网站和运用尖端技术更为重要。某些饭店开展了"最佳价格担保"的活动，客人通过鼠标点击对此做出了积极回应。其结果是：通过互联网完成的直接预订显著增长。在2005～2010年期间，饭店业成功地通过网络夺回了大多数房间的销售控制。客人直接预订的模式已经被证明是提高饭店收益和赢利能力的最佳模式。

利用互联网，充分开发其中的机会，在当今的商业环境中极其关键。除收发邮件以外，使用搜索引擎寻找信息是最普遍的网上行为。在线行为研究团体在2007年出具的报告中指出，多达70%的互联网活动均以搜索引擎开始。有64%的在线用户使用搜索引擎进行与旅游相关信息的搜索，无论用户的性别、所在社会的人口和经济水平如何，这一统计结果都真实有效。

客人在使用搜索引擎访问饭店网页时，想看到真正的内容。内容丰富的网页对网站的访问者和搜索引擎具有相同的吸引力。创造内容丰富的网页有助于带来饭店网站较高的访问量。网站相关关键词的使用有助于在线和离线的销售，网页所使用关键词的数量以及网站内容的更新频率也同样影响搜索引擎带来的访问量。

搜索引擎优化关注友情链接的使用。其最重要的计算方法之一是统计网站所链接的网址。搜索引擎对相关网站排名的依据是该网站的链接关联度及质量。

成功与客人保持良好关联度的饭店，通过努力超越了搜索引擎的营销领域，开始使用社交网络或 Web 2.0 以及诸如 Facebook，YouTube，Trip-Advisor，博客、维基百科和其他快速发展的论坛为代表的用户生成媒体等渠道。移动互联的使用模式也在数据访问量方面得到巨大的发展。

代理模式　简单直接的佣金支付是代理模式的基础，相关各方都不承担产能分配和价格方面的义务。如果网上旅行社能将间夜卖给客人，饭店将根据实际收入向其支付约占房价 10% 的佣金。饭店通过这一模式能高水平地控制价格及产品收益。然而，互联网分销渠道所带来的客流量相对于其他渠道而言并非举足轻重。

加价模式　加价模式已然成为销售房间及相关产品最为成功的网上商业模式，随着众多的游客大范围地使用网络，以满足游客个体需要为目标的网络企业投资取得了极大的成功。旅游市场占有率的统计数据显示：在美国，在线旅游市场占总旅游市场的百分比，从 2005 年的 42% 增长到 2008 年的 60%，在中国，该百分比从 15% 增长到 41%。

饭店业对加价模式并不陌生。饭店业在同批发商打交道的长期过程中就已经采用了相似的交易模式。饭店与在线商家所签订的协议是该模式得以实施的基础，该协议允许在线商家获得饭店的预留房和约定了截止时间的最佳价格，并将产品加价后转售给顾客。通常加价范围为 20% ~ 30%，该售价由在线商家控制。最成功的在线商家包括 Expedia.com，Hotels.com 和 travelocity.com。

不管商家采用何种商业模式，收益经理都不能忽视在线代理。然而行业也必须了解这一事实：2000 ~ 2004 年，在线商户模式破坏了价格的统一性。因为饭店放弃了对它们房间价格的控制，当在线商家在某些情况下决定将房间廉价出售给最后一分钟预订的客人时，内部价格竞争就出现了。必须指出，在线商家在其网站上对饭店进行排名的重要标准是饭店给在线商家创造的产量。商家采用这一精明的方法，鼓动其商业伙伴进一步提高产量，以期获得在名单上更为靠前的饭店排名。事实上，平均半数客人在浏览饭店名单的网页时，只关注第一页，而不会在冗长的饭店名单中继续浏览到第二页。在查找到第二页的访问者中，也有半数不会再继续浏览第三页。

很明显，搜索结果所显示的饭店排名能极大影响该饭店获得预订的概率。在线商家对于推广那些被证明为其收益源的饭店更感兴趣。饭店收益经理在与在线商家合作时，必须清楚了解这一事实，并在充分了解其商业模式的基础上制定自身战略。

混合模式　混合模式是在线商家、加价模式和代理模式相结合的产物。在线商家以略低的价格提供产品组合，对消费者提出系列附加条件，例如，预订后不得退款，预订最少提前 3 天，预订后不得更改。经常提供给客人的组合产品还包括机票、众多饭店的选择，以及汽车租赁。

在线商家的销售战术涉及捆绑和非捆绑（仅销售客房）的产品系列。在饭店排序上，在线商家总是将加价模式的饭店排名靠前，其次是代理模式的饭店。

不透明价格模式　不透明价格模式也称"反向拍卖"，在最后一分钟才预订，在对品牌不敏感的客人群体中，该模式取得了巨大的成功。价格不透明网站（最知名的有 Priceline.com 和 Hotwire.com）让顾客描述其需求，并提出愿意为此支付的价格。如某饭店能满足客人在地理位置、服务水平、价格等方面的需要，客人必须在进一步了解所预订饭店相关信息之前完成预付。因其操作上内在的匿名性，饭店能向该网站倾销其未销售的库存，并在不损害其价格完整性的前提下获得增值业务。

如果没有互联网，诸如"不透明模式"这样的商业方案就将不复存在。在这种渠道中，饭店向该网站提供顾客无从知晓的净房价，不透明模式网站将客人的需求与满足其标准的饭店之间进行配对，然后接受顾客支付，从而获得饭店净房费和顾客所支付的实际价格之间的差价。

尾注：

① 琳达·卡妮娜（Linda Canina），史蒂文·卡维尔（Steven Carvell）《大都市市场城市饭店的住宿需求》，康奈尔大学《住宿业研究中心报告》，2003 年第 3 期第 3 篇。

② 2007 年 4 月 26 日《旅游日报》。

③ 约翰·瓦纳梅克（John Wanamaker）（1838～1922），美国百货大亨。

④ 2007 年 4 月 28 日《经济学人》。

⑤ R. 威尔玛（R.Verma），G. 普拉斯奇卡（G. Plaschka），C. 戴夫（C.Dev）和 A. 威尔玛（A. Verma），《当今旅行者选择饭店时的需要研究》国际饭店营销协会营销评论，2002 年秋季刊。

参考文献：

1. Bender, D. (2007). "12 Technologies and Trends that Are Transforming Digital Marketing." HSMAI Marketing Review. Winter 2006–07.

2. Burns, J., and J. Inge. (2004). "Hold Your Horses! Getting a Grip on the Reins of Distribution Channel Management." Hospitality Upgrade. Summer.

3. Canina, L., and C. A. Enz. (2006). "Revenue Management in U.S. Hotels: 2001-2005." CHR Reports 6, No. 8.

4. Coy, J., and B. Haralson. (2005). Hotel Waterpark Resort Industry Report 2005.

5. Enz, C. A., and L. Canina. (2005). "An Analysis of Revenue Management in Relations to Hotels' Pricing Strategies." CHR Reports 5, No. 6.

6. Enz, C. A., and G. Withiam. (2003). "Evolution in Electronic Distribution: Effect on Hotels and Intermediaries." CHR Reports 3, No. 5.

7. Green, C. E. (2004). "De-Mystifying Distribution: Building a Distribution Strategy One Channel at a Time." HSMAI Marketing Review. Fall.

8. Haley, M., and J. Inge. (2005). "Revenue Management: It Really Should Be Called Profit Management." Hospitality Upgrade. Fall.

第 5 章

学习目标

1. 描述自动化收益管理系统，包括其功能以及给饭店带来的文化和系统集成的挑战。
2. 解释收益经理职位的演变，清楚收益经理的典型任务和能力要求。

5

收益管理在饭店中的地位

在过去 10 年里，收益管理系统和收益经理的地位在复杂性和成熟度方面逐步变化。在这一章里，我们将审视自动收益管理系统的性能和饭店实施这个系统面临的挑战。在本章结尾，我们将讨论收益经理职位的产生和其在饭店企业的演变过程。

自动化收益管理系统

为什么饭店收益管理系统如此复杂？简而言之，系统复杂源于收益管理任务本身的复杂。收益管理涵盖库存的控制以及多层次的价格体系、不同房型的销售、多样的产能管理技巧的应用，以及控制监督其他多种经常变化的收益管理组件。饭店决策者必须处理大量数据。

数据的准确和及时是饭店经理的期望。当今世界，收益报告和其他数据报告必须准确无误而且当需要时可以随时随地获取。对于这些需求的自然反应是：只要有计算机就应该自动化。计算机可以以令人惊讶的速度进行复杂运算。无论是单体饭店还是拥有多家饭店的公司，在经理可能遇到的任何场景下，以运算为基础的程序已经达到了能够处理几乎任何场景下任何可能出现的变量组合的程度。

有以下两种基本的自动化收益管理系统：建议系统和决策系统。

• 建议系统能够监督、预测和为收益管理提供最佳解决方案，这种系统需要收益经理高度参与和分析人员输入数据，分析系统报告并执行合理的决定；

- 决策系统更进一步，在监督和预测功能之上，决策系统生成它们认为合理的解决方案，然后完成所有的、实现目标结果需要的价格和产能分配。

还有一种控制系统，这种系统需要收入分析人员录入数据并管理，如果需要，收益经理还将执行督导和推翻系统施加的控制。

自动化系统的功能

收益管理任务如果使用手工操作的话，工作强度大、单调乏味，也容易出错，而建议系统和决策系统都能从容执行如下职能：

- 预测需求；
- 预测可用资源；
- 分析数据（重要测量指标）；
- 提供报价；
- 优化（价格、出租率、渠道、细分市场、收入来源）；
- 分析竞争对手组合；
- 分析团队业务（可以提供替代产品分析）；
- 提供自定义的总体报告。

一些收益管理系统供应商还在其系统中提供预算功能。

一些系统供应商提出，如果安装了他们的系统，将承诺量化的收益增长，可能是 4% ~ 12% 的可用房平均收入的增长，也可能是 6% ~ 12% 的整体收入增长。但是，这样非常激进的承诺是值得怀疑的。

一些收益管理系统既需要硬件也需要安装软件。供应商为单体企业和规模较小的集团企业提供顾客服务器解决方案。对感兴趣的顾客还提供申请—付费—提供服务的解决方案。提供产品时通常附带培训和咨询。如今收益管理自动化解决方案可以卖给各种体量和类型的企业，市场竞争非常激烈。

单幅库存（Single-image inventory） 单幅库存的概念是收益管理自动化系统值得特别关注的重要进步。这个功能出现之前，饭店为各个内部部门（前台、预订部、销售部）和分销商（呼叫中心、中央预订系统、全球分销系统和旅行社）分配预留房，每天一次或多次定时更新他们的预订（译者注：Single-image inventory 还没有标准的中文译法，译者参考 Single-image 的中文译文"单幅图像"，将该词组翻译为单幅库存，强调库存信息来自同一数据源）。

从操作人员的角度看，多个销售单位控制各自的预留房的结果经常造成订单不准确和重复预订，以及其他形式的困扰。从顾客的角度看，多个销售单位意味着有时他们订房会更困难。例如，一家饭店前厅拒绝了未来某一日期的预订，一些客人发现如果他们拨打饭店中央预订中心的电话，只要打电话时预留房还没有售完，就可以订到房间。当然，有些顾客不会额外努力，于是饭店失去了这单生意。

单幅库存意味着接口技术的巨大进步使得所有客房销售人员可以实时获取每一个库存单元，包括被分配的预留房的信息。

如今顾客可以通过拨打饭店预订部电话、登录饭店网页、拨打连锁品牌中央预订中心电话（如果饭店是连锁企业），或者登录第三方销售企业网站等多个分销渠道预订客房。在单幅库存的作用下，产品的可用性、价格规则和其他相关信息都从同一个数据源提取，任何时间都统一，无论是从哪里、通过什么渠道获取。房间状态和价格一旦更改（比如：一间客房被预订了或是取消了、折扣价开始执行了），整个数据库中的数年内每间房间状态和价格信息都将即时调整。重要数据在网络空间的快速传递能力消除了因即时信息缺失造成重复预订和业务损失的风险。单幅库存技术意味着饭店预订信息精准到每秒钟。当产品可用性信息在所有分销渠道都一致时，单幅库存和价格一致就能得以实现。

这一技术的流行有助于企业规避双重预订和困惑，使企业在获得最多预订量的同时实现收益最大化。

自动化的文化挑战

决策和建议系统都需要饭店收益管理团队进行数据输入。输入的数据越恰当、准确，系统的输出信息越有价值。有经验的经理们经常不能接受系统对于将来某一日期的出租率预期数据，于是他们对系统置之不理。值得注意的是：事实证明大部分情况下，系统数据倾向于正确。

经理们往往有充分的理由对于诸如价格和最少停留天数的系统建议置之不理，即便在一定的市场情况下，系统建议实施两晚最低停留天数的限制非常合理，经理们在与客人打交道时，也不得不考虑技术措施以外的因素。即使多晚连住预订的需求很强，一位终身价值很高的客人一晚的预订也比首次预订连住两晚、且可能再也不会惠顾的客人带来的价值要高。

高端饭店因为提供个人关怀，自发的、个性化的服务，所以历来对收益管理自动化犹豫不决。豪华饭店的运营人员担心系统结果经常要被忽略，那么系统带来的价值还没有麻烦多。自动化对于这种运营活动来说是重要的文化变化。

经理们一开始对新的收益管理系统采取"任天堂方式"很常见，他们徜徉于系统的特性和控制中，对系统设置经常修修补补，使用"试验—失败"的方法，学习并开始运用系统。

收益管理系统需要公平的机会产生结果，耐心是应用后应有的品质。经理们和员工们一定要逐步学会理解自动化系统能为他们做什么，按照需求调试系统设置只有在确实必要时才可以做。收益管理系统是重要的投资，如果适当地使用，一段时间后可以产生丰厚的回报。

总而言之，任何业务的管理都是人做的，这一点很重要。人工智能可以为决策过程做出贡献，但是优秀的经理从来不会让系统自作主张。在一个以向客人提供服务为荣的行业中，自动化和人类智慧之间最佳的平衡可以实现，经理们应该让系统做好它擅长的事情，且绝不让人的因素靠边站。

系统集成的挑战

当今世界，最小的饭店都有自动化的系统帮助经理们做好管理工作。饭店管理系统(PMS)，销售点系统(POS)，会计系统，顾客关系管理系统(CRM)，取暖、通风、空调系统（HVAC）和楼宇运输系统都是饭店可能使用的自动化系统的范例。饭店一贯在不同的时间、从不同的供应商处采购不同的系统。饭店为不同的系统做接口，数据无缝传递，以便达到协同工作。

打个比方说，一个客人与客户用过商务晚餐，回到饭店，刷房卡获准进入车库，在地下二层停放好车辆，再次刷房卡从车库进入饭店，然后刷房卡使用电梯来到自己的楼层，想象一下系统需要什么样的集成。之后他再次刷房卡进入房间，从装有感应装置的房间小冰箱内取出一听啤酒，坐下来打开笔记本电脑查阅邮件。在这个例子中涉及了许多自动化系统：进入车库；客人楼层和房间的控制系统；管理电梯的楼宇交通系统；销售点系统和饭店管理系统将一听啤酒记入房账，并收取互联网费用（如果不是免费）；另外，客户关系管理系统将客人所有相关数据集中起来建立客人账户信息。这些系统可能是在不同时间向不同供应商采购的，但是它们还是需要衔接接口。可见，当供应商安装收益管理系统之前就面临与所有收入中心的系统接口的挑战。当诸多不同地点的饭店需要联结起来，数据将在所有饭店之间传递和分享。我们继续刚才的例子，假定同一个客人3个月后又在他从没去过的另一个城市的同一家连锁饭店预订了一个房间。如果那家饭店享有获得客人上一次入住同一连锁饭店的信息的权利，一些优惠产生了：预订流程可以简化，提高了速度，因为客人的个人信息不需要再次填写，只需要确认即可。他的个人喜好如：床的布置、客房的位置等都可以自动转发到下一家饭店。流畅的预订程序的结果是：客人和饭店的时间都节省了，忠诚度提高了，这些应归功于"惊喜因素"，饭店真的可以证明自己珍惜客人的生意，而且他的需求在整个连锁体系中都能得到重视。

为了实现信息的集成，饭店连锁必须跨越单个饭店系统，做到全地区、全国乃至全球层面的信息集成。所有系统和子系统在一家饭店顺畅集成难度已经很大，而更具挑战的是所有连锁企业共享数据。如果饭店坐落于不同时区，拥有差异化的技术基础设施，并且员工说着不同的语言，系统集成的挑战难度将成倍增加。

数据分享隐含了一个有趣的问题，即：谁拥有这些数据。如果一家加盟企业被一家公司拥有，被另一家公司管理，那么数据的所有权将变得至关重要，并成为售卖品。包括珍贵的客人资料的数据到底为谁所有，是安装和维护顾客关系管理系统的特许经营商，或是运营饭店并为客人提供服务的管理公司，抑或是饭店的老板（加盟商）？为了避免不必要的困惑，在理想世界中这个问题从一开始就在合同中做出了约定。

自动化可能是收益管理至关重要的组成部分，然而合格经理们的经验、情感和智慧及其创造的服务文化才是成功的真正原因。在这个以为顾客服务为荣的行业中，人的因素可以与自动系统进行互补，但永远不会被取代和覆盖。

收益经理

在收益经理这一新的职位面世之初，其职责、任务清单和候选人资历也同样面世，而且随着这一职位的成熟而逐渐进化。开始时，新职位的候选人从已经在从事收入相关工作的员工中遴选。设置有预订部的大、中型饭店企业的传统预订部经理自然而然成为不二人选。预订作为一个流程需要诸如日期、可用房量、房价、增销、客人资料和许多收入最大化相关的信息，因此原来的预订经理很自然变成了第一位收益经理，职务变了，职务分类也就变了。

近年来，收益经理的职位随着责任和汇报关系的变化而不断演变。下面的部分讨论了收益经理职位的发展阶段。

第一，初始阶段。收益管理早期，收益经理的雏形经常被称为收益分析员，他们一般和前厅经理一起工作，而且通常向其汇报工作。

图 5-1 显示的汇报结构被认为颇有道理，可以接受。当时，收益分析员只需要在技术层面参与，而且只是在房务部统辖之下。新上任的收益分析员参与了历史数据的分析、预测、处理预订，出具专注于内部测量指标的报告。对于这一新的职位的期望是完成分析任务，向管理层提供数据，但是在这一阶段还没有被赋予重要的决策权力。

图 5-1　收益经理的初始阶段

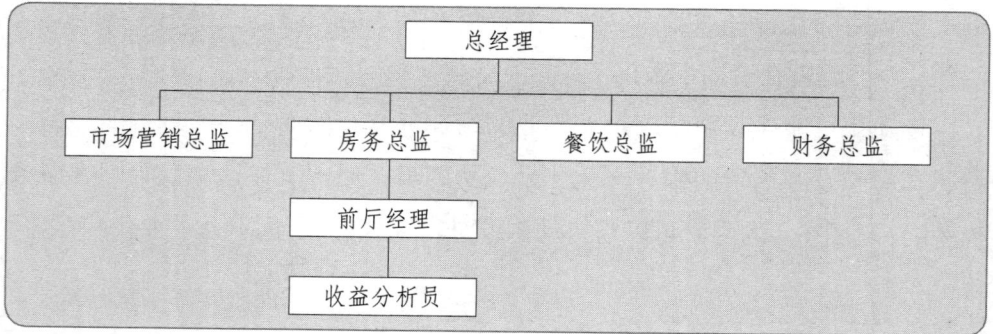

第二，中间阶段。收益分析员这一新的职位被证明有用之后，其他饭店经理们开始认识到其在技术层面重要的决策角色，于是对房务部内部汇报结构进行了调整（图 5-2）。这是饭店逐步开始重视将收益最大化作为提高收益率来源的结果。

图 5-2　收益经理的中间阶段

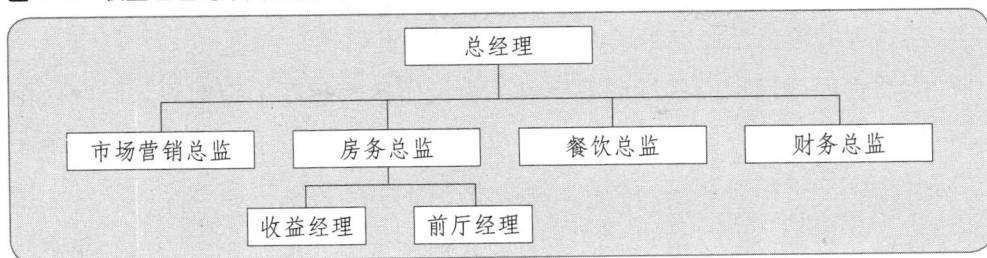

在中间阶段，收益经理的职位真正与其他饭店部门的经理，如前厅经理平起平坐了。根据饭店的规模和赋予他的职责，收益经理也许由收益分析员向他汇报，也许没有。此时，工作仍然以技术层面的活动为主，但是比在初始阶段更具自主性，权力也显著加大。给予这个职位管理层的头衔和报酬证明了饭店高层意识到这一工作的复杂性特征及其对资历与经验的岗位要求。

这时，一些饭店组织（如美国饭店业协会和国际饭店市场营销协会）推出了为收益经理特制的培训和认证项目来弥补公司培训计划和在职培训的不足。收益管理的文字材料开始慢慢出现在行业杂志上，大多数的住宿企业会议和交易会上都会有收益管理相关的小组讨论、培训和演示。专注收益管理的特殊利益团体开始在行业协会之间崭露头角。公平地讲，中间阶段反映了21 世纪前 10 年收益管理所处的位置。

第三，进化阶段。因为收益经理不再隶属房务部（图 5-3）。收益经理不再只参与客房的收益管理，造成了进化的结果。其他收益来源，如：餐饮、

图 5-3　收益经理的进化阶段

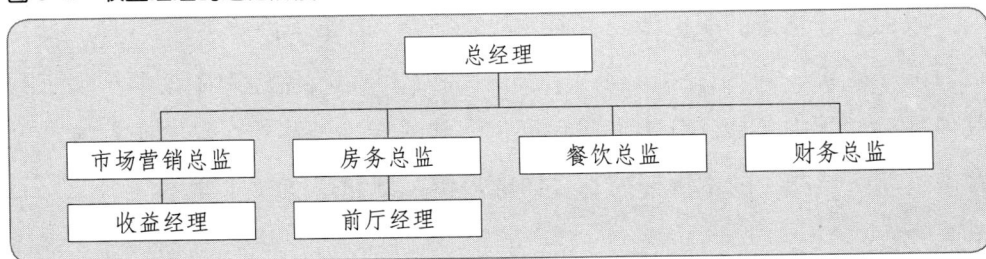

会议场地、博彩等，现在也在收益经理的监督、测量、操纵和控制之下。这时收益管理的角色已经成为了饭店战略计划的贡献者。

收益管理新理论的逐渐成熟完善，为饭店运营超越了短期战术问题做出了贡献，其结果是收益经理参与了高层战略思考。近年来，收益管理在饭店和旅游领域被当作业务活动的核心竞争力。今天，许多主要国际饭店公司将收益管理的专业技能运用于所有重要的管理决策中。事实上，一些公司跳过了收益管理的进化阶段，直接进入到下一阶段。

第四，充分发展阶段。在充分发展阶段，收益管理职位变化的重要性非常明显，证据是收益管理功能被提升到高层管理（图5-4），与其他饭店组织中的主要功能平起平坐。收益总监直接向饭店运营的最高长官——总经理——报告工作。这一新的组织架构从战略上增设了收益总监的职务，从战术层面指定了与饭店其他部门经理同级别的收益经理，最终将被所有意识到收益管理重要角色的饭店接受。

图5-4　收益经理的充分发展阶段

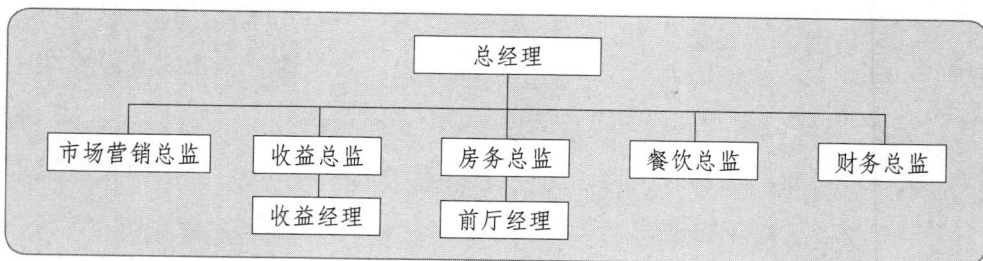

收益管理总监的职位涉及首要的战略问题，着重于创造需求、定位市场、进行战略定价、确定目标市场，以及促销和广告。收益经理应该参与到所有其他战略问题中，如：分销方法和渠道、战略捆绑销售等，以及所有战术问题中，如：预测、战术价格控制、住宿停留控制和产能管理等。

收益经理的能力和任务清单

或许收益管理专业人士面临的最大的压力是不断加大的难度和为了收益最大化必须达到的任务和能力的多样性要求。

正如饭店间存在差异一样，有中等规模有限服务饭店，就有大型全方位服务饭店，不同饭店对于收益管理专业人士的工作和责任的要求也不同。尽管如此，还是可以找到共同之处。预测、价格管理、收益管理行为的分析和评估、准备报告，与多个运营部门进行协作、战略开发，以及与其他经理的合作都在每一个收益管理专业人士的工作清单上。

对收益经理的核心技术能力的要求包括以下内容：

- 管理团队房的预留；
- 管理和监督互联网系统保证价格的统一和价值相等；
- 管理饭店门户网站；
- 与第三方市场经理维护关系；
- 分析财务报表和市场数据；
- 准备准确的出租率和收入预测；
- 开发战略和战术，管理团队和散客市场需求。

收益经理的人际沟通能力包括以下内容：

- 主持业绩回顾分析会；
- 准备并进行有效展示；
- 与饭店管理团队建立互信；
- 与市场销售总监在长短期价格上密切合作；
- 清晰表达（口头和书面形式）复杂的战略和其他话题；
- 辅导与训练预订部和前台人员收益管理的战略和战术；
- 运用外交手段管理人际冲突。

很显然，收益经理们需要精通数字，但是应该看到，他们的工作远不止于处理数字和生成报告。收益经理必须是饭店战略和收益计划战术的最有能力的沟通者。他们必须有意愿承担力道角色，帮助建立由同事组成的强大团队，致力于收益目标和生意成功的实现。

加在收益经理身上的要求和期望似乎与日俱增，但是，在那些成功应对持续增长的挑战的组织中，收益管理工作不只是少数挑选出来的收益管理专家们的事情。所有饭店的利润中心和支持部门在理解和支持共同的收益目标的事情上必须保持一致。收益管理是多方面的、复杂的、跨学科的。一线部门和二线部门都充当了帮助饭店实现收益能力最大化的角色。收益经理面临的困难是向其他员工传递收益管理计划，并和他们合作。

参考文献：

1. AH&LA Educational Institute. 2005. Certified Hospitality Revenue Manager Study Guide. The Basics of Revenue Management. 2005. Integrated Decisions and Systems, Inc.(IDeaS).

2. Burns, John, and Jon Inge. "Hold Your Horses! Getting a Grip on the Reins of Distribution Channel Management." Hospitality Upgrade, Summer 2004.

3. Gregory, Susan, and Jeffrey Beck. "The Activities, Training, and Reporting Relationships of Today's Revenue Managers." HSMAI Marketing Review, Fall 2006.

附　录

　　十大收益管理错误清单中的许多项目对于从事收益管理实际工作且已经伤痕累累的人来说并不陌生，然而，还有可能出现新情况，提供这份清单是希望可以帮助收益经理和其他人避免陷阱。聪明人从自己的错误中学习，更聪明的人从别人的错误中学习。

十大收益管理错误清单

10. 将收益管理工作视为只有收益经理才做的工作。

9. 允许互联网折扣代理们随意销售客房，过后抱怨其破坏了价格体系。

8. 声称饭店因为优质服务与众不同，但是大肆推出折扣价、"超值包价"、免费常旅客积分和其他优惠。

7. 认为饭店周末与平时的销售策略相同。

6. 期望不劳而获，从所属品牌处得到填满饭店的预订。

5. 不管通过什么渠道预订，无差别地计算收入。

4. 认为短期目标必须且总是比长期目标应被优先考虑。

3. 认为人工智能，即收益管理软件，比人的智能优秀。

2. 相信正确的房价只是建立在饭店成本和投资回报预期上。

1. 相信打折是增加收入的有效手段。

上述观点到底是什么意思呢？我们将在下面的段落里逐条展开论述。

第十个错误：将收益管理工作视为只有收益经理才做的工作

一位丈夫在帮妻子靠边停车时说："再往右一点！现在倒车！往左多打一点！再来点！现在倒车！再来点！"砰！"天哪！下来瞧瞧你干了些什么！"

收入会议上，当讨论预测、库存和房价分配时，一群来自不同部门的饭店经理们坐在桌旁，意见和提醒一大堆。每个人都有观点，而且感到有做点什么的冲动，于是当该说的都说了，该做的都做了的时候，如果收入目标没有完成，单单指责收益经理就不公平了。

收益管理的成功仰仗整个组织和团队的努力。试试先输入目标的必要条件，"人人为我，我为人人"应该是共同遵守的信条。收益经理可以是核心人物，但是如果收入目标没有达到预期，个人或者某个运营部门是不应该独自承担责任或受到指责的。

第九个错误：允许互联网折扣代理们随意销售客房，过后抱怨其破坏了价格体系

饭店业自从 2003 年以来对这个问题开始有了清醒的认识，但是还是晚了些。在那时，第三方互联网中介使用净价模式，价格标高 25% ~ 30%，售价由自己控制。饭店行业除了自责外，不能抱怨别人。渐渐地，行业夺回了对房价和渠道的控制权。通过自己的网站直接向客人销售客房可能不是每个预订收益最大的做法，但却的确是成本效率最高、最可控的做法，而且收获了最高的净房价。最重要的关于房价如何确定的问题是：谁有定价权？

第八个错误：声称饭店因为优质服务与众不同，但是大肆推出折扣价、"超值包价"、免费常旅客积分和其他优惠

假如"优服饭店"接到客人打进的电话，客人先要等待，电话自动语音

系统将这样开始："您的通话对我们很重要，所有座席忙，请等待。"这样的信息又循环播放了 5 分钟，直到电话终于被接起，在还没有确认客人 AAA 会员身份的前提下，客人就得到了 AAA 会员的九折优惠价格。想想看……

第七个错误：认为饭店周末与平时的销售策略相同

假如客人的停留、预订和消费方式以及营销组合在周末和平时不同的话，饭店为了收益最大化，在某个节点必将得出周末与平时需要不同的策略的符合逻辑的结论。饭店经理应该在可靠的数据基础上而不是靠主观臆断得出结论。不同的市场运作应以不同的、以收益最大化为目的的战略、战术观点为依据。

第六个错误：期望不劳而获，从所属品牌处得到填满饭店的预订

品牌饭店因其营销和其他支持活动而不同。一些品牌饭店对比其他品牌饭店，更试图从经营者那里获得更多的收益。另一些品牌饭店则拥有更好的营销战略、呼叫中心和网页。但是，即便是最好的品牌支持也不能代替良好的运营努力和对细节关注的服务。漫不经心的服务员、不够干净和功能问题（电视遥控器失灵、吹风机故障、漏水的水龙头、空调控制器不能调节房间温度等）不可能带来满意的忠诚客户，无论这个品牌的推广有多么优秀。饭店经理必须将每日的运营责任承担起来，不能期望品牌能够拯救一个低劣的产品。

第五个错误：不管通过什么渠道预订，无差别地计算收入

创造 1 元钱的收入，不一定条件相同，因为与之相对应的成本可能会差别很大。饭店经理们是否知道通过集团呼叫中心、饭店网站、全球预订系统、电子商务平台、旅行社、回头客直接打来电话以及某个协会组织预订的成本分别是多少？

饭店可以使用各种方法和渠道出售自己的产品。第三方如果能够填满饭店自己销售不出去的客房是很不错的。分销渠道管理现在是战略核心竞争力。为了聪明地对待第三方，饭店需要对带来收入的分销渠道进行分析，而且要熟知每一笔销售相关的成本。佣金、转向其他公司产生的成本、特许权使用费、交易费用和其他需要的成本都应该明晰，并进行比较。

由于诸多成本变量的影响，不同宾客支付的相同房费可能产生的净房价并不相同，饭店必须充分理解这一点。如果更多收入来自成本最低的渠道，即使出租率不变，利润也可以更高。

第四个错误：认为短期目标必须且总是比长期目标应被优先考虑

饭店业不适合那些想一夜暴富的人，饭店建成也不是只有几年的寿命，而是几十年，甚至几百年。饭店的生意是马拉松，不是短跑冲刺。进入的门槛高、资本密集，使其成本结构不能改变（饭店大多数的成本是固定成本，无法操控），因此，目光长远是唯一的成功法则。将一个新产品推向市场、维护顾客群、在市场上赢得良好的声誉需要时间。决策者应该考虑所有这些因素，短期思维不能带来长期的成功，饭店行业对那些不能坚持的人是毫不留情的。当短期收入目标与饭店长期收入战略目标相冲突时，收益经理们应该站稳立场，永远不让短期收益引起长期的痛苦。

第三个错误：认为人工智能，即收益管理软件，比人的智能优秀

我们都应该听说过一句现代谚语："人总要犯错，但是把事情全部搞砸，则需要一台计算机。"计算机在决策过程中是伟大的工具。它快速、准确，经理们能运用大量数据，在很短的时间内，分析很多的变量。但是，理智的经理们应该总是小心地检查机器结果，而不是盲目地跟着计算机跑。系统不是解决方案，媒体也不是需要传递的信息。有时只有人才能更好地理解情况。

复杂的软件产品对经理们有很大帮助，但是它们不应该被用来做设计功能以外的事情。二元逻辑只在有限的情况下才行得通。人类有着横向思维的能力、投入感情、理智、敏感，而且能将人性的因素用于决策。简而言之，在服务行业中做出下一个业务决策的应该是人，而不是机器。永远不要让一台计算机去管理一家饭店。

第二个错误：相信正确的房价只是建立在饭店成本和投资回报预期上

优秀的饭店经理知道市场将决定房间的合理价格。饭店应该收取市场能够而且愿意支付的价格，一元钱不多，一元钱不少。现在的消费者悟性高，一瞬间就能甄别出价格虚高的产品，毫不犹豫地追求同档次产品的更好交易。

21世纪的顾客每天从早到晚都能通过"指尖"比较选购商品。现在的消费者前所未有地具备找到最好价值的能力，没人喜欢多付1分钱。因此，饭店经理必须把手指放在市场的"脉搏"上，耳朵紧贴地面，随时保持警惕。供给与需求的动态瞬息万变，所有人都希望第一个知道。这是不是意味着饭店经理应该在动态价格的名义下经常调高或调低价格呢？不是。但是这的确意味着他们应该知道竞争对手提供了什么，定了什么价格。对饭店宾客和饭店自身在市场同类产品中的地位有着全面了解不可替代。成为"路边"货的危险确实存在，当吸引客人只根据价格做出选择，使他们坚信只有价格说了算时，如果饭店没有其他可以提供给客人的，那么客人迟早会醒悟的。

第一个错误：相信打折是增加收入的有效手段

精明的饭店运营者不打折，因为他们知道，他们在卖的是基于顾客体验的、不可触摸的产品，是宾客在他的饭店享受到的服务体验。

针对饭店打折的研究得出这样的结论：打折只能产生局部的结果，只在休闲细分市场有积极的反映。事实是：如果市场的压力迫使饭店大幅降价（如

SARS、飓风和恐怖袭击等），想回到降价前的平均房价往往需要几年的时间。

打折只能在短期攫取市场份额。通过较低价格从竞争对手那里吸引来的顾客只能带来现金流，对利润率没有帮助。追求低价、为了微乎其微的价格差异改订其他饭店的顾客同样会为了更低的价格换饭店。这说明折扣在多数情况下不会带来可出租房平均收入的增长，只会因为那些谁也留不住、永远追求低价的顾客的到来提高出租率。这样的顾客今天来，明天走，只关注哪个饭店有特价，哪个公司更急于收到现金。

打折可以暂时增加收入和市场份额，但是不可能长期提高饭店的利润。对于饭店来说大部分成本是固定成本。较低的房价意味着有更多的房间要出售，因为资本、人工、煤水电气和其他费用不会变化。降低房价可能意味着吸引来的顾客不是饭店建造时想吸引的顾客，也不是饭店定位时准备服务和满足的顾客。当那些想"撇油喝"的饭店运营者发现他们是在"刮锅底"时，才会认识到区别所在。

打折不是唯一的向顾客提供价值的方法。面对疲软的需求，在定价决策之前，首先要了解清楚衰退的原因。是因为产品吗？还是因为竞争对手？是经济、政治，还是隐身其后的健康、安全问题？低房价能否帮助处理这些麻烦？如果可以打包其他元素，为顾客提供价值，是否可以不降低价格？

与房价没有关系的问题的出现是很常见的，例如，政治动荡造成了需求降低，饭店却降低房价来解决问题，似乎50%的折扣能在政治不稳定和动乱中，或是在恐怖袭击风险中突然产生安全的假象。类似的问题没有简便的答案和快速解决的方案。

饭店对于价格要抱有现实的期待，应该清楚什么问题是和价格有关的，什么问题是和价格无关的。不少"好战的"收益经理们急急忙忙地调整价格，发出很多折扣价，而忽视了为实现收益目标，需要调整饭店产品，帮饭店获得所需业务的艰苦努力。

房价太重要了，不能被用来做第一道防线。相反，房价应该是最后一道防线，当其他方法都已经行不通的时候才应考虑使用。即使那样，房价的调整也要非常小心。

译后记

　　最初接触收益管理是在 1997 年的 12 月，当时我在香港日航饭店进行管理培训，那是我第一次体验国际化饭店管理的难忘旅程。在预订部我见到了一位叫麦克的英国小伙子，他的职位是预订部经理。他告诉我香港的饭店预订很有特点：现在看一年以后的预测出租率是 150%，越接近到店日期，出租率越准确，早早订了房间的团队要么取消，要么减少订房，散客的高房价预订开始增加。为了不出现转走客人的情况，最后不得不一间一间地算，才能不出问题；还要尽可能地接受以高房价进行预订的客人，所以经常和销售部发生摩擦，因为他们更注重对重点客户的维护。

　　当时还没有收益管理的说法，但是本书中出现的很多专用名词已经开始使用了。1999 年我在芝加哥读 MBA 的时候还特意找了些关于收益管理的资料，可惜的是没有找到吸引我的内容，只是在讲怎样操作，没有从市场营销的角度进行分析。

　　福佳斯博士潜心研究完成的《收益管理：饭店运营收入最大化》一书填补了收益管理研究与教学领域的空白，相信初学者和饭店从业人员都能从中受益。这本书同样可以作为市场营销专业学习者的参考用书。

译者

2014 年 7 月

项目统筹：付　蓉
责任编辑：李冉冉
责任印制：冯冬青
版式设计：何　杰

图书在版编目（CIP）数据

收益管理：饭店运营收入最大化／（美）福佳斯著；王立，伍波，王晓宽译 . -- 北京：中国旅游出版社，2014.9

书名原文：Revenue management:maximizing revenue in hospitality operations

ISBN 978-7-5032-5038-5

Ⅰ.①收… Ⅱ.①福… ②王… ③伍… ④王… Ⅲ.①饭店－运营管理－高等学校－教材 Ⅳ.① F719.2

中国版本图书馆 CIP 数据核字（2014）第 191551 号

北京市版权局著作权合同登记号：01-2013-5280

书　　　名：收益管理：饭店运营收入最大化

作　　者：（美）福佳斯著
译　　者：王立　伍波　王晓宽
出版发行：中国旅游出版社
　　　　　（北京建国门内大街甲 9 号　　邮编：100005）
　　　　　http://www.cttp.net.cn　E-mail:cttp@cnta.gov.cn
　　　　　发行部电话：010-85166503
经　　销：全国各地新华书店
印　　刷：河北省三河市灵山红旗印刷厂
版　　次：2014 年 9 月第 1 版　　2014 年 9 月第 1 次印刷
开　　本：720 毫米 ×970 毫米　　1/16
印　　张：10.5
字　　数：130 千
定　　价：68.00 元
ＩＳＢＮ　978-7-5032-5038-5